我的青春我的梦

全国中学生校园美文精品集萃丛书

又轻问，江路上，梅花开也未

如果风都变成歌

《中学生博览》杂志社 选编

时代文艺出版社

图书在版编目（CIP）数据

如果风都变成歌 /《中学生博览》杂志社选编 . —长春：时代文艺出版社，
2018.8（2023.6重印）

（"我的青春我的梦"全国中学生校园美文精品集萃丛书）

ISBN 978-7-5387-5678-4

Ⅰ. ①如… Ⅱ. ①中… Ⅲ. ①作文－中学－选集 Ⅳ. ①H194.5

中国版本图书馆CIP数据核字（2018）第000150号

出 品 人 陈 琛
产品总监 郭力家
责任编辑 刘 兮
装帧设计 李 斌
排版制作 隋淑凤

如果风都变成歌

《中学生博览》杂志社 选编

出版发行 / 时代文艺出版社
地址 / 长春市福祉大路5788号 龙腾国际大厦A座15层 邮编 / 130118
总编办 / 0431-81629751 发行部 / 0431-81629758
官方微博 / weibo.com / tlapress
印刷 / 北京一鑫印务有限责任公司
开本 / 700mm×980mm 1 / 16 字数 / 153千字 印张 / 11
版次 / 2018年8月第1版 印次 / 2023年6月第5次印刷 定价 / 34.80元

编 委 会

目 录

如果风都变成歌

向阳绽放的少女

少年，请记得

突然想起你

下个夏天去看海

如果风都变成歌

　　一天之中的清早，是欢快的手风琴，从梦里醒来的第一刻，风箱就立刻被迅速吹起，拉开了饱满的第一个音符。

　　而上午，是娓娓道来的小提琴。上课、课间、大课间，每一分秒，都是悠然的协奏曲。

　　下午，迎来深厚而婉转的十二孔陶笛。仿佛一首简单的《天空之城》，在微微的倦意里渲染出明亮的暮色……

如果风都变成歌

流萤回雪

一天之中的清早，是欢快的手风琴，从梦里醒来的第一刻，风箱就立刻被迅速吹起，拉开了饱满的第一个音符。

而上午，是娓娓道来的小提琴。上课、课间、大课间，每一分秒，都是悠然的协奏曲。

下午，迎来深厚而婉转的十二孔陶笛。仿佛一首简单的《天空之城》，在微微的倦意里渲染出明亮的暮色。

快放学了，吉他出场，一个巴西黄檀木的吉他，就是放学的路。走在上面，振动的声调仿佛是愉悦的心情。

夜晚，夜晚……杜索年把头支在手上，任凭耳塞里放着一首轰轰烈烈的摇滚，也抑制不住脑袋下垂的重力。她转着笔，正想着如何用歌曲来表达夜晚，不小心让一滴深蓝的钢笔水掉在被她号称为"写满鬼符"的数学本上。于是，一颗诡异的终止符就出现在坐标轴的第一象限，让风头远远盖过了那个非常不确定的、明显涂改了好几次的抛物线上。

夜晚，一定是一首催眠曲。杜索年确定地想，一边把涂改液漫不经心地涂在那个终止符上。

"杜、索、年！我最讨厌你在晚上写作业！如果你今天写不完，可以留在明天的早自习写。你那床头灯实在是亮瞎了我的24K钛合金狗眼！"隔壁床位的于娜把头从裹得严严实实的被子里露了出来，对着杜索年发出最后的控诉。

熄灯，收本，脱掉外套，躺平，盖好被子。杜索年看着从宿舍窗上透过来唯一一缕月光，开始想象起李云迪站在这缕月光中的场景。他刚刚穿着西装，从一架洁白的钢琴前起身，现在正用柔和的声音说道："我刚才弹奏的曲子，是一位年仅十五岁的女高中生写出来的，她的名字叫作杜索年。"

就算身在重点学校的重点班，就算从早到晚都被课业包裹，也那么想做不一样的美梦。

是什么样的歌呢？

那样洁白的歌声啊，简直就像是被月光晒过的歌声啊。

一个女孩儿，在夜晚的窗边缓缓睁眼。她静静听着这样来自远处的纯净歌声，交叠着室友清晰而又均匀的呼吸，像是重叠的海。

杜索年坐起身，往窗外看去。只见一个穿着白衫的男生正在月光下面轻轻吟唱。那声音多么令人伤感啊，就好像带着一层柔软的薄纱，它在风里慢慢地抖动着，起飞、落下、起飞、落下。那声音唱到自己心里了啊，每一个节奏都没有听过，但却好像熟悉得不能再熟悉，好像在很久以前就深深感动过自己。

她忍不住打开窗子，希望能看得更仔细一点儿，听得更清楚一点儿。

"只有懂音乐的人才能听到我现在的声音，因为我用了不一样的频率。"那男生突然把歌声停住，他扭过头来，对着那扇唯一打开的窗户喊着。而杜索年迅速从窗户那里缩回头去，按捺不住自己的紧张和惊讶。

乔然啊，那是乔然！隔壁班的乔然！

从来都不知道隔壁班的乔然还会唱出这样的歌。杜索年擦去方才因为感动而在眼角流出来的泪水，认真回忆起隔壁班的乔然来。

长久以来，这个男生和自己处于一个玩笑之中。

两个人都有些懒，总是把校服当作外套，尤其是在不强制要求穿校服的周三和周四，他们就成了年级里唯一两个穿校服的人。许多人开玩笑，说他俩穿的是情侣衫。但是那男生的学习成绩非常漂亮，他太用功了，大课间也没时间和同学聊天，更绝对不会像杜索年那样，把头脑的五分之一分给音乐。

"你昨晚听到有什么声音吗？"杜索年问于娜。

"昨晚，风好大。我就感觉你好像坐起来，把窗户打开了，又关上了。"刚刚睡醒的于娜在迷糊中回答着。

"没听到别的声音吗？"继续不依不饶地问。

"我还想问你开窗又关窗是干什么呢？"继续迷糊地回答。

这样的一天，就又开始了。如同手风琴一样的思绪，在脑海里饱满地奏起第一个曲目。饱含着内心的秘密，她拉起自己的书包就冲到宿舍楼外，看着昨日乔然站过的那处地方。

半小时后，杜索年坐在教室里，开始赶起昨天没有写完的数学作业。写着写着，她听到班里的喧哗突然降下去了，是班主任来了。

班主任径自走到教室最后面，把一张启事贴在黑板报边上，说："校园新声代大赛要开始了，从小学到高中，每一个年级都要选一组选手……咱们年级肯定会选杜索年了，杜索年，你需要搭档吗？"

杜索年望向老师："搭档的话，我选二班的乔然。"

教室里的气氛跌到冰点，因为这个选择显然莫名其妙。然而班主任什么也没有说，就走到了隔壁的二班去。再回来后，就和杜索年说："乔然答应了，你们课下记得常练习。"

于娜拉过来自己的舍友兼同桌，继续孜孜不倦地进行教育："杜、索、年！你可要好好学习啊！不能成天想那些有的没的，乔然他会唱歌吗！你别忘了你要上清华我要上北大，咱俩到时走着就能一起去吃饭，你也别忘了我们要一起当状元上报纸，最震撼的新闻是这俩状元还是舍友兼同桌。"

杜索年低下头继续补自己的数学作业，她的头脑里正在奏一曲《春天的芭蕾》。

放学后，那个穿着校服的男生就在人们的哄笑声里站在杜索年班的门口。

"你怎么可能会选我？"那个少年满脸迷茫，问这个走向他的女孩儿。

"那你为什么要答应呢？"杜索年把手里的谱子交给男生，领着他寻找一间空教室。

在暮色铺满的房间里，两个人开始对着谱子一句一句地唱了起来。

"虽然听过这首歌，但是不大会唱……"乔然停下来，叨叨着。

"我教你咯。"杜索年说。

很意外的，乔然的声线和夜晚时完全不同。虽然也是听上去还算动听的声音，然而无论是张力，还是饱满度，都有所欠缺。

天黑了，两人在操场上转圈，一人捧着一杯奶茶。杜索年说："我还卖过唱呢。"

男生惊讶了，说怎么可能。

"是啊，有那么一个非常烦的周六，我决定带着陶笛去卖唱。我先百度了一下，看这座城市的哪个地下通道一般不会有城管，结果就挑了保利大厦的那个。我用毛笔字在宣纸上写招牌——这是陶笛，我今天只吹《天空之城》。中英文的。然后用一个鞋盒子，裹上彩色的胶带，用来当钱箱。我就站在那儿的一个通道里吹了三十分钟的陶笛。"

"没人给你钱吧？"乔然打趣地插嘴。

"唉，有人给了我五块钱，我等那人一走，也就离开了，那天晚上用八块钱的毛豆当晚餐。"

男生哈哈哈大笑起来了。

"我就是憋坏了啊，在这所学校，如果拥有一点儿自由，是多么奢侈。我想着，外面不会有任何人认识我，起码也不会给我喝倒彩。"说到这里，杜索年突然忍不住问，"哎，晚上在操场上唱歌的，是你吗？"

"啊？我怎么可能做这种事情……"话题迅速换到了下一个。

然而，杜索年还是忍不住发愁地想，他为什么不承认呢？

是因为害怕和自己一样，因为太喜欢唱歌，所以会被人嘲笑吗？

在这所全市排名数一数二的学校里，如果是成绩好的学生，就可以轻松入学，而像杜索年这种初中毕业成绩不温不火的人，都是靠家长投入大量钱财才进来的。

还记得第一次见到乔然的时候，他的父母就站在一边教育着他："要用心，否则这些花费就浪费了。"而乔然真的能够做到发奋不止，能从重点班的后十几名飙升到前十几名，再成为如今的领头霸主。可是，杜索年的成绩却永远也徘徊不定。大家都知道这个女孩儿最爱看的杂志是《爱乐》和《中国摇滚乐》，她就算是逃课去网吧，也是为了在自己的Mp3里下新的近百首的歌曲。这些，完全都和学习没有关系，和其他同学的爱好没有关系。

在接下来一周的时间里，乔然每天下午都会跑到一个空教室，和杜索年练习唱歌。与此同时，许多非议也纷纷涌入了两人的耳朵。

想想也是，平时八竿子打不着的不同班也不熟的同学，怎么就成天一起唱歌呢？更何况，是经常在校服问题上被人开玩笑的二人组啊。

对于这个问题，两个人都会用迷茫的眼神来回答，就好像他们是老天安排在一起做组合似的。

不管怎样，杜索年几乎投入了自己的全部力气。她努力让一个简直完全不会音乐的乔然学会了所有的转音、所有尾音的颤动，还有所有该出现气音、假音和粗哑音线的部分。如果你在某个放学后闯入了这间教室，可能正巧看见杜索年让乔然站在一个高高的凳子上提气，旁边的那个女生还喋喋不休："这是我特别珍重的一个机会，你一定要帮我完成梦想！"那个男生则会做出愁眉苦脸的表情。

"那是你的梦想！不是我的！"他偶尔也会声嘶力竭地喊一句。

"无论如何拜托你了，我请你喝奶茶行吗！"女生双手合十地恳求着。

"唉，好吧……"最后总是以乔然的妥协作为吵架的终点。

后来，在很久以后的一天，已经上大学四年的乔然站在歌手杜索年的身旁，他说："其实我一直都特别佩服你，所以才在那个时候答应跟你合唱。你是那种目标特别明确的人，你知道自己喜欢什么、讨厌什么。而我，就太过于循规蹈矩，几乎没有闪光点。所以，当你的班主任要求我陪你合唱的时候，我的第一反应是惊喜。"

然而，时光倒回，在又一个放了学的傍晚，乔然站在杜索年的面前说："我要参加北京的奥数集训，恐怕，比赛那天不能和你唱歌了。"

到底是谁在窗外唱歌？

杜索年想，那可能是自己一个最为深沉和用心的一个梦。

秋日的夜晚，关好的窗子在风中轻轻颤抖，发出低低的嗡鸣。在梦里，那就变成了一个人的歌声。乔然走后，杜索年在一个失眠的夜晚静静地听着这歌声，那多么像一曲深深浅浅的吟唱啊。可是往外看去，空空荡荡的宿舍楼下，谁也不在那里。可是，为什么会梦到过乔然呢，难道是因为那些校服的冷笑话吗？

杜索年不愿意去猜测了。她只是静静地听着这歌声，静静地想着自己的梦。她想象无数个音符像海潮一样湮没自己，它们又迅速变成飞散的作业本，消逝在月光照耀的长空。

"哗……哗……"风还在唱歌。

校园新声代的比赛，在所有人的等待中到来。十人组、两人组、三人组，华丽的舞服在台上旋转，一曲曲歌声瞬间而过。然而，在轮到高二组的时候，全校师生都看见一个衣着朴素、长相平平的女孩儿走上了主席台，在录好的钢琴声里独唱一首《风和月光》。

一阵秋天的风带着一阵的梧桐叶子飘落，之后，这所校园仿佛被迅速按了转换键。阳光在瞬间被染色，一层一层暗淡下来，再暗淡下来……变成清朗的月光。那洁白的歌声啊，仿佛是被这月光染出来的。

"这是我写的歌。"她对着话筒说。

在掌声里，她静静地走下去，解锁了显示"您有一条微信"的手机，点击，乔然的声音传出来："嗨，我在北京呢！我在星美音乐学院门口看到了这张'学生音乐家召集令'。你要么在三天之内来一趟北京，要么就把自己做的曲子录成Mp3，发到召集令上写的邮箱。"

在四个小时之后，未来的歌手杜索年，按下了邮箱的"发送"键。

初恋这件小事

果 舒

我要去告白！

放学铃一响，我的脑海里就不停地播放着这五个字。

期末了，此时不去告白更待何时？要是告白失败了我还有长长的一个暑假给自己疗伤。我想好了失败后的种种对策，再不济就是逼自己把他给忘了，没什么大不了的，不就是初恋嘛！

我紧紧地跟在林以晖后面，浑身散发着一股视死如归的悲壮。

这应该是我最后一次偷偷摸摸地跟着林以晖回家了吧，要是告白成功了，以后就可以光明正大地跟在他身边了；要是失败了，以后就再也不用跟着他了。

下午5点多钟的街道总是热闹非凡。从学校汹涌而出的学生们三三两两地走在一起讨论着哪个明星最近又和谁复合了，谁又和谁分手了。我的眼睛一直盯着林以晖的后背，生怕一不留神人群就把我们给冲散了。

夏季总是带着炎热，不掺杂其他成分。盛夏的午后把大地烤得晕头转向，老树全在热浪中静默，连总是聒噪不停的知了也懒得鸣叫了，挂在老树的臂膀上秋千似的轻轻摇晃。只有在傍晚的时候，太阳才算是温柔的，潮热渐渐退去，不同于正午的灼热光线，夕阳温暖的余晖洒在我们的头发上、脸庞上、肩膀上。晚风经过，吹起女孩儿们长长的绑在身后的头发，校服的裙摆随之轻轻上扬。

我计划着在下一个拐口处把林以晖叫住。心想着这么久的暗恋终于要有结果了，就忍不住兴奋起来。

喜欢林以晖已经很久了，久到我都快忘了第一次见到林以晖时眼睛直勾勾盯着人家发呆的模样。真想学屈原感叹一句：日月忽其不淹兮，春与秋其代序。

时光渐行渐远，这场青春的暗恋我以超常的毅力坚持了下来。很多次林以晖没有搭理我的时候，我都特别不开心，然后就想着剃头挑子一头热，我这又是何必呢，明天早上起来就把这人忘了吧。但通常一早起来我就把前一天的赌咒忘得一干二净，见到林以晖还是会死皮赖脸地贴上去。

林以晖总是冰着一张脸，明明是个少年却一副历经沧桑的模样。我想上帝是派我来拯救他的，不然干吗要让我们相遇呢？

到拐口了，我正想喊住林以晖，张开嘴，喉咙却喊不出一个字。一个长相俏丽的女孩儿从旁边音响店里走出来，把手随意地搭在林以晖的肩膀上，那么亲密，那么自然。或许是我注视的目光太过热烈，女孩儿转过身，然后林以晖也看见了在风中凌乱的我，略有些惊讶又马上用冷漠的神态代替。

夕阳那么温柔，这一瞬间照进眼睛的光线却好刺眼，眼睛酸痛得想流眼泪。我呆呆地转过身然后拔腿就跑，瞥了一下手腕上表的分针指向6点钟方向，5点半，公交车来了。

我钻进公交车，身后林以晖好像喊了一句什么，但我没听到，公交车就开了。

我在空位上坐下，看着窗外一闪而过的风景竟觉得有些陌生。我看了一下公交车车号，低头又看了看手表，5点半。失恋的委屈突然在一瞬间涌上心头，豆粒大的眼泪"啪嗒啪嗒"从眼眶里掉下来。

身边站了一个头发染得像夏日彩虹的女孩儿，她嚼着口香糖悲悯地看着我说："你没事吧？是不是哪里不舒服啊？"

我说："我坐错车了。"

她听完一愣，也哭了。她说："你害我把口香糖吞下去了。"

然后我也一愣，接下来看着她我就一直哭，眼泪与鼻涕齐飞的那种哭法。

辗转回到家太阳已经落下一半了。我看着落日心里又是一阵悲伤，《小王子》里说：当一个人情绪低落的时候，他会格外喜欢看日落……

原来这句话这么有道理啊。

林以晖，我以后再也不喜欢你了！

看着落日，我第N遍说出了这句话。说完我又补了一句，这次我是说真的！

口袋里的手机震动了几下，我拿出来，是林以晖打来的电话。

"你干吗？"我按下接听键对着电话那头有点儿气愤，说完感觉语调有些不对。他又没做错什么，我没有理由向他发火啊。

对方明显感到我正接近处于暴走状态的不良情绪，怔了好一会。

"不说话我挂了。"

"后天聚会你要不要来？"

"你要干吗？"

"他们让我邀请你，我们班那些人你也认识。"

"知道了，我挂了。"

真是可恶，说话老这么客气，累不累啊？我在心里默默地吐槽了几十次。

要挂掉手机的时候不小心按到了扬声键，里面传来林以晖略焦急的声音。焦急？我不会是会错意了吧？

"等等！"

"干吗？"我的情绪还没有收回来。

"那女生是我小姨妈。没事了，再见。"

通话结束。

我的心"咯噔"一下。

算了吧，不跟他计较了，谁让我天生是善解人意的主儿呢，等聚会过后再不理他吧。

我收起手机，嘴角扬起的一丝得意的笑被自己刻意忽视掉，心口却抹了一层蜜糖似的忍不住雀跃。

夏天的天空总是黑得很晚，可是一旦黑下来就会特别快，一分钟内就看不清楚对方的面容了。听完电话后，天已经黑了下来，像是灌铅一样不留任何余力地向下倾泻，挨家挨户的灯光开始慢慢点亮，路灯倾洒下橘黄色的光线，暖色系的色调填满了少女轻快的背影。

这个夏季，和青春一样漫长……

夏日炎炎正好眠

凌波漫步

　　我做了一个冗长而莫名的梦。梦里你朝我浅浅地笑，两颊深陷的酒窝像盛开的花，一如初见的明朗。醒来的时候连眼角爬满了笑意都不曾注意到。

　　而坐在对面床的某晓用名为鄙视的眼神盯了我许久。"你睡觉流口水。"我摸了摸嘴角的不明液体，立马决定不理她，翻身下床穿鞋漱口洗脸。于是受到忽视的某晓在接下来的一个早晨里重复了二十多遍，逢人便说，逢说必笑。

　　"夏天快到了呢。"我站在走廊外抓着栏杆和某晓扯淡。

　　"虽然夏天是快要到了，但是你春心还在荡漾。"某晓又继续，"所以你睡觉流口水了。"

　　"谁说那是口水来着！再说试试看，受我'百步穿杨拦腰斩'！"我张牙舞爪地朝某晓腰际挥去的时候，眼角微微地瞄到你趴在座位上打盹儿的样子，稍翘的发尾伴着你一摇一晃的身子而上上下下跳动，心里似乎有股情绪瞬间倾盆而出。

　　某晓顺着我的眼神望进九班，视线触及到你时，顿时像只炸毛的猫，气势汹汹地揪着我的耳朵拖我进教室，大吼大叫一改平日温婉大方的路线。

　　"叶青，你个大傻帽儿，别告诉我你现在还对他抱有期待。"某晓叉着腰一脸泼妇骂街状。

"才没有……"我顺从得像个小媳妇。

"没有就好。"某晓找了个凳子在我身旁坐下，语重心长地说，"叶青，我知道你还喜欢他，别在我面前装，可是你明明知道的，你们不会有结果，换句话说，就是你落花有意，他流水无情，更何况他还心有所属。都两年了，他那么不待见你，你有必要坚持吗？不，你这不是坚持。坚持是个褒义词，你充其量就是个为爱情盲目执着的傻子，你得学着放弃啊。"

"我发现你变得特别有文化，真的。"沉默了好一会儿，我对着满眼热切希望得到赞同的某晓回答道。

"你到底有没有把我说的话听进去啊！"直到老师踩着铃声踏进教室时，某晓才愤愤不平地放开掐住我脖子的手，末了还不忘瞪我一眼以示警告。

"你要没把我说的话听进去你就死定了！"

我立马配合地举起白旗表示投降。

我想我掩饰得足够完美。否则某晓怎么会没发现我云淡风轻后的波涛汹涌。

想起你刚刚摇曳的发梢，还是忍不住轻声地笑了开来。

果不其然，某晓又皱着眉头恨铁不成钢地盯着我了。呃，看来我得把对你的喜欢藏得更深点儿。

现在我时常会想起当我们在一起的时候。他们说我得了叫回忆的幻症，替我惋惜不值想方设法地要把我从过去拉出来，却不知道我乐在其中怡然自得。

据说那天早上第三节课，你穿着白色的上衣和浅蓝色的牛仔裤，以一身干净明朗的形象优哉游哉地踱到讲台自我介绍，据说你帅气地在黑板签上你的大名后帅气地转身，帅气地把粉笔往后一扔然后粉笔以抛物线的轨迹帅气地落地。而刚刚睡醒的我一抬头就看见你两颊深陷的酒窝，没有天雷勾地火没有噼里啪啦的激情对望更没有心跳加速面红耳赤，可我就是记住了你的酒窝和名字，凌正。

一个凡事都渴望出类拔萃风风火火总是一惊一乍的急性子，一个何事都慢条斯理性情平和不重成绩但具有强迫症的慢性子，怎么看也是八竿子都打不着的两个人，偏偏就是混在了一起，关键是两人还混得风生水起。

"亲，你看我今天有没有更帅？"你在耳朵上别着朵栀子花从第一组倒数第一排绕到第三组第三排，在我面前搔首弄姿，还朝我们这批正在吃早餐的女生抛了个媚眼。我们三个女生神情怪异地对望数秒，不由自主地对着地上做呕吐状……

"吐什么吐？难道不是吗？"

"是是是，正姐你最美！"我不留痕迹地用纸巾擦了擦嘴，然后把桌子上的垃圾收拾好递给你。你一听"正姐"这名字马上就厉声正色地说："本人郑重声明，本人姓凌名正性别男爱好女，本人是个血气方刚的大老爷们儿，以后不准再叫我正姐！"

"对啊，谁不知道你性别女爱好男，不用重复了，快去扔垃圾吧。"

"知道就好，下不为例。"你满意地点点头拿着垃圾往垃圾桶走去，直到走上讲台，你才恍然大悟，在上面挥舞着那串垃圾袋咬牙切齿地叫嚣，"都说了本人性别男爱好女啊。"

"凌正同学，老师不怀疑你性别男爱好女，就算你自己怀疑，那也得在课间讨论吧？"年轻的历史老师笑着打量站在讲台上别着栀子花的你，你二话不说一溜烟地跑到了座位。

那是两年前的事，你窘迫的一颦一动我至今似乎还记忆犹新。

我忘了到底是什么时候喜欢上你。或许是你陪我跑完八百米的比赛后气喘吁吁地对落后的我说"不错"的时候，或许是被风鼓起衣角的你骑车载我去看海的时候，又或许是明明不喜欢吃糖却陪我吃了一个月曼妥思的时候。我开始喜欢上那个整天陪我斗嘴吵架的你。他们说我们那时处于玩暧昧阶段。我装作不懂地跑去问你，你说流言就只是流言，假的成不了真。你说这段话的时候我多希望可以弄假成真。可是还没等我弄假成真还没有老师找我谈话你就退出了。我追问你理由时你对我说，她不喜欢。我顿时心灰意冷，我怎么忘了呢，你明明还有一个情投意合两小无猜的青梅在不远处等着你。

再后来，分班，高二、高三，一步步成长，一点点淡忘。

某晓看着我打完这些字的时候不爽了："你这是什么节奏，又矫情又无厘头，你现在这是准备放弃呢还是准备放弃呢？"

"谁说我准备放弃了，放弃帅哥会遭雷劈的。"我趴在桌子上朝照片里的你笑得满脸花痴。

"那我警告你，要是还在午夜无缘无故大哭大闹，以他伤了你的心为借口坑我糖果，然后让我陪你去干吗干吗，你就死定了。"某晓开始恶语相向。

"你怎么可以这样？人家单恋了两年连表白都没说出口，那颗叫作恋爱的种子还没发芽就被扼杀在摇篮里的悲痛心情你懂不懂！竟然还威胁我……"我可怜兮兮地摇着某晓的手臂，再开口，"为了补偿我受伤的心灵，某晓你请我吃五羊吧。"

"滚你的。"某晓拂袖而去。

见我愣在原地，走了几步远的某晓回过头来朝我不耐烦地喊："不要五羊了吗，不要就尽管待在那里！"我不禁大喜，快步跟上，你看，某晓还是被我坑了吧。

夏日炎炎正好眠。嘘，不要告诉某晓我还喜欢着凌正，也不要告诉我的少年我还很喜欢他。

陌上花开，可缓缓归矣

暮浪城

在某个下午我开始疯狂地恶补宫崎骏的动漫，偌大的家里面只有我一个人。我在厨房里把桶面煮好了之后，就把吃的全部搬到了电脑桌上，然后坐到藤椅上，静静地看着泛着荧光的电脑屏幕。

从初三开学以来我就一直这样浑浑噩噩，有时候自己做的事情自己也不知道为什么。告诉大倩，大倩说："林又锦你迷茫了。"我也觉得我迷茫了，不知道该做什么才好，不知道做些什么才是正确的，是真的对我好的。有时候会自我反省这种懒散的状态，一个人坐在沙发上看着开着的电视发呆，想了一个下午却连个头绪都没有理清楚，后来没过多久还是放弃了这种反省。

班上最近开始风靡顾漫的小说。我仅记得顾漫的一本名叫《微微一笑很倾城》的网游小说。从B爷手里拿到这本书的时候没什么感触，只是很认真地一个字一个字地看下去。那种认真让我想起当时我看唐七公子的《三生三世十里桃花》的时候，也是这样认真的。

我觉得，只要是看过《微微一笑很倾城》的都会喜欢肖奈大神。至少，我们班上那群姑娘在看过这本书之后就是天天下课在那里喊着肖奈的名字，说着肖奈到底有多好有多好。不过说真的，比起肖奈我更喜欢《三生三世十里桃花》里的夜华。我问B爷说："你看过《三生三世十里桃花》的最后结局吗？"B爷十分激动地说看过，然后说夜华帅呆了。

其实，我并不觉得夜华帅呆了，我只是喜欢在结局处夜华对着白浅说的那四个字："浅浅，过来。"那时候我心情很复杂，就像我看见肖奈对着微微说："陌上花开，可缓缓归矣。"总之，这些天看了的书，最深得我心让我十分受用的句子就是这句话了。

后来的后来，我在某节副科课上对着坐在我前桌的大仙说："我也希望有一天有人能对我说'陌上花开，可缓缓归矣'。"那个时候我拿着圆规一笔一画地划着桌子，刻出了这句话。虽然没多久之后就被老师发现了，还被叫去办公室喝了很久的茶。

看着小说有时候也会莫名其妙地发呆。我会想到那个我深爱的少年——他会无微不至地关心我；会带我在夜晚的街道上行走，紧紧地拉着我的手，无论如何也不放开；会在KTV里对我唱"你是我的唯一"；会每天晚上和我说晚安……别人不知道，很多时候，我都希望他能够回来，站在我面前，然后我会说出那些当初我没有说出口的挽留他的话。

可能是太久了吧，在知道他过得很好之后我什么都做不了了。多想打那个我已经熟烂于心的电话号码，对他说："陌上花开，可否请君缓缓归矣？"

音响里播放出来的歌是五月天的《突然好想你》。我蜷缩在地板上靠着墙壁，不顾冰凉，却发现难过得连眼泪都掉不下来了。

大倩当晚跑到我家里对我说："事情都过去了，事实证明他没了你或者你没了他地球都一样转，何苦来的这样让自己难受？"我抬着头看她，静静地细数过往，一点一滴，她坐在我的身边，很安静地听。

最后她给了我一个拥抱，轻轻地拍着我的背，柔声说："没关系，还有我呢……不是想要有人对你说'陌上花开，可缓缓归矣'这句话吗？他不能说……总会有人对你说的……"

我狠狠哭了一个晚上，第二天却还要装作什么事情都没有发生的模样，别人问我眼睛为什么肿了，我麻木地抬头给了他一个微笑，说：

"没事，昨晚没睡好。"

多想旧人还会归来，站在烟霞如海的树下侧过身子，唇角带笑眼眸里带光就像九天之上长明不灭的火光一般暖人心。他依旧会拉着我的手，声音低低萦绕在我耳畔："陌上花开，吾并未失期已缓缓归矣。汝可看得？"

等不到天亮美梦就醒来

阮 瓷

1

刘秀秀和我们说起时间这个沉重的话题时,是周五。对,我记得的,离中考还有二十七天。

因为骤至的暴雨的缘故,气温陡降。我把窗户关得死死的,依然被门口蹿进来的凉意激得直起鸡皮疙瘩,连忙把陈微的厚外套拽出来穿上。在本应开始燥热的5月显得挺不伦不类,却恍然又回到遥远的3月,不知此时愁滋味。

刘秀秀把6月14号之前的日子整整齐齐码在黑板上,他严肃的表情和圆滚滚的身材实在不搭,也许人不可貌相。这种算日子的方法总让我想到等待,就好像一个姑娘在等她的良人,他6月14日归来,姑娘就摆本日历到床头,每晚划掉一天,睡前甜甜蜜蜜地想:啊,又过去一天了。

只是或许我等来的是我旧岁月的刽子手也不一定。

回家之后电视里在放新闻:安徽省多处洪水泛滥。我站着看了一会,有点儿恶毒地想:怎么不把我们这里也淹了呢,就不要中考了吧,哈哈。

曾经每到下雨都会趿着湿漉漉的鞋子祈祷雨再大一点儿再大一点儿吧，赶紧把学校淹掉吧。祈祷了三年，没有一次实现过。只有小学毕业的暑假去上衔接班的时候有一场暴雨，彻底把地势较低的学校给淹了。老师挨个儿给家长打电话，让家长来接孩子。我们都把裤腿撸到大腿，踩着在水中苟延残喘的花坛边缘出学校。今年学校教学楼翻新，花坛全拆了，栽上了弱不禁风的小树苗，那么假如又落大雨，初一初二的学生们该怎么出来呢？

雨停了有一会儿了。我不知怎的想到一首老歌，里面有一句"忽然期待下起安静的雨"，又或者我想的其实是另外一句："爱总是让人哭，让人觉得不满足。"

说舍得都是骗人的。

两天半，就把三年全部玩完了。

2

我现在很少做梦。夜终于成了黑色的。

曾经——这个词真的很不美好——我几乎夜夜伴梦入眠。《根鸟》里板金先生说，他突然失去梦，好像跌进了坟墓。那一夜，好像几十年，几百年，无边无底的黑暗。

我梦见过安笙。我喜欢了两年零九个月的男孩子，我根本不敢直视他。梦里他离我那么近，那么真实，我都能贴近去描绘他的眉眼，仿佛下一秒他就要扭过头来冲我一笑。我梦见很多乱七八糟的东西，比如在教室里冲锋陷阵打僵尸，再比如爬一座好高好高都是雾气的山。我甚至有梦见伏地魔。这个梦我做过两遍。异世界，吱吱呀呀的木房子，我推门进去。其实伏地魔是个乖乖巧巧有些苍白的少年，披一件黑斗篷。房子里空荡荡的，他弹着一曲钢琴。我在梦里疯狂地流眼泪，觉得这支钢琴曲悲伤到不可思议，诉尽辗转悱恻的感情。

这些梦境，在初三的高压下，稀里哗啦碎成一地玻璃碴儿。

苏言叶审视了我半天，说："陶喜你有黑眼圈了。"我困得思想混沌，拉着她在太阳下疾奔，只想早点儿回家睡觉。我一天八个小时都睡不足。

科学家说无梦是深度睡眠的特征，因为深眠时大脑皮层不活跃。

多残忍啊，没有颜色了。

3

二模。考完数学回家的路上我去把信寄掉。

两个五角，两个一角，我拍在铁皮桌子上，中气十足地喊："买邮票！"

我一直觉得书信才是古人最伟大的发明。还有什么能比中性笔尖一笔一画在纸上传回神经的触感更叫人欢欣雀跃呢？尤其是当你写的每个字都是要给你最想给的人看时。

安徽到内蒙古，再从内蒙古到安徽。两个星期，十四天。我第一次给小威写信，抓心挠肺地等了好几天才敢发个短信去询问。还是在放学路上，借苏言叶手机。

"他说收到了。"苏言叶吼得比我还大声。

我打趣道："又不是你写信，这么激动！"

她眨巴眨巴眼睛，笑笑，"原来写信是这么美好的事情。"

我说："其实恋爱也是很美好的事情啊。"

苏言叶的初恋，她一直叫嚣说也要是末恋。她深情款款地盯着我抒情："你是第一个也是最后一个。"我就说："你在孤家寡人面前这个样子真的蛮欠啊。"

每个人都应该有美好的时候。

就像安笙。那天我和他出板报到很晚，他发扬绅士风度送我回家。我们在幽深无光的小巷里有一搭没一搭地聊天。世界好安静，我走在一片黑暗里，假装自己在踩他的影子。

他突然说："陶喜，唱首歌来伴奏吧，你唱歌很好听的。"我不抬头都能想象到他温柔如水的表情，一定和温柔如水的月光相得益彰。

我就轻轻地唱，那首在春晚里瞬间红遍大街小巷的《春天里》。

谁家灯色渐明，另外一个黑色的我从脚底生长出来爬向前，好像我靠上了安笙的肩膀。

如果有一天，我老无所依，请把我埋在……

埋在这一刻吧。

我曾视你为初恋

三倾荟

期中考过后在宿舍洗衣服时被问起数学成绩，我将衣服帅气地甩进盆子里，水花溅了我一脸，我迅速地抹了一把，抬头悲痛地朝宿舍里面喊："我视数学如初恋，数学虐我千百遍啊啊啊！"

招来宿舍那群没良心的嘲笑后，我把衣服从盆子里拎起，看着水流以极其缓慢而又温柔的姿态从衣服上滑到手里再流入盆中。我盯着，竟然出了神。好像透过清澈的水流不小心瞥见了时光那端的你。

也不过一年时光，怎么你的面容已经如此模糊？

我低下头，将衣服浸到水里再拉起来淘洗一遍又一遍。

"嗯，这样就干净多了。"我盯着衣服自言自语。

出来洗苹果的舍友瞪大了眼问我："被数学虐傻了啊，你跟衣服说什么话？"

我没回头看她，只是慢慢地微笑了起来。

她瞥我一眼，抛下"这妞没救了，鉴定完毕"的表情，啃着苹果走了。

其实我是在对你说话，记忆中的你。

我想起那时的你，高高瘦瘦，校服搭在你身上显得宽松，好像有股风在你的校服里四季游荡，显得你整个人空荡荡的感觉。

嗯。就是空荡荡。我一直觉得和你讲话可能还会有回声从你校服里面蹿出来。后来跟你说起我的疑惑时你把眉头拧得像麻花，将我的鸟窝头揉得更乱，"喂，你脑子里到底装着什么呀。"

算算时间，我那时应该是和你在一起了，对你笑得一脸顺从，"你说什么就是什么咯，不过为了科学着想我还是认为我的脑子里装的可能是脑浆。"

你垂下眸看我，笑得春光灿烂。

记忆中的你差不多就定格到那里了。

肤色并不白，但也不是小麦色。头发很黑偏长，我一度想伸进去试试你头发的柔软度。眼睛很大，很深，笑起来像荡着涟漪的湖。有好几次我与你闹别扭，上课时不小心撞见你的眼睛，就会又无可救药地陷进去。

其实我自己都不知道我对你有什么感觉。

我们在一起的时间一星期，但是暧昧期有一学期吧。

暧昧期——用我的说法就是知道你喜欢我，我喜欢你，但打死我也不说的那种装傻阶段。

其实那时也挺好，咱俩就是不挑破非说是什么，红颜蓝颜的在网上眉目传情玩得挺开心，在班里也很谈得来。大家偶尔调侃一下但我们不在乎别人怎么说。到在一起的时候却变得奇怪，可能是因为以前也没谈过恋爱，有关的经验都是从小说中摸索出来的——可毕竟那些"高富帅"和"白富美"的爱情不适合我这款。于是慢慢的，在不好意思说话的基础上又披上了淡漠的外衣。

025

"真的真的，我还是很喜欢他的，我只是不好意思啊喂。"那时是很想这样对胡乱揣测咱俩关系的人说这样一句话的，但是瞥到你同样淡漠甚至陌生得可怕的表情我还是选择了缄默不言。

"喂，咱俩谁也别说谁。半斤八两。"

我以为你也是装的。甚至到咱俩分开了——分开的缘由很简单，就是大家都认为我们分开了，然后我们就真分开了，我都还深信不疑你还喜欢我。和我一样。

一直记得很清楚，初三后一阶段的时候，我经常清晨5点多就到教室去自习。

那时候太阳刚好从后山跃起，我随手带着相机总会记录下每天第一缕洒在我发梢的光。后来就渐渐迷恋上这种感觉，一个人走在寂静的校道上，踩着从树叶缝隙漏下的光斑前行。然后再到同样冷清的教室里翻出昨天的一叠试卷核对答案。

直到有一天我到教室的时候，看见你已经坐在你的位置上自习了。你低着头，刘海儿便埋住了你的眉。我看不真切，只装作与平常没什么两样似的坐到座位上。

其实心里怦怦乱跳，无限遐想。你会不会是为了我才这么早来自习的？

我脸红心跳了好一会儿，然后才慢慢安静下来做自己的事情。

那时候，整个教室好像只剩下你清浅的呼吸声以及笔在试卷上摩擦的沙沙声。也许是因为座位隔得远，即便彼此不说话却也没有丝毫的尴尬。

这样的情况一直持续到中考。而我们，竟然真的一句话也没有说。

我现在想想我脑子里装的可能是水，真的。不然怎么会一直心甘情愿地以为你还喜欢我呢？甚至到了后来班里一直传你和闺密D的绯闻我还深信不疑。

不过也有可能是受了闺密D的蛊惑。她曾告诉我你和她说过，"来来来给哥抱一个，你跟她不是经常抱来抱去的吗？抱你就跟抱她一样。"我听到这句话时心真的是软成了一摊水。这句话中的"她"是我，我们都心知肚明。

如果不是后来啊，你硬是把这摊水变成了满是棱角的冰，说不定如今我还会把自己脑补为小说女主。

真的，你特别狠。你一眼就看穿了我的深信不疑无根无据就是一长着树根脸的玻璃框，然后你就手起刀落干净利落地把这玻璃框打碎了，碎片噼里啪啦掉在心里时不仅带声还刺人。

其实也不过就是个恶俗的故事。

流言从来不会空穴来风。你和闺密D果真是郎有情妾有意。可是你们没有在一起，后来竟然还有人来声讨我说"他们要不是为了你怎么会不在一起"。

流言是不会空穴来风，但传播流言的人大部分盲目而可笑。

后来这件事竟然也就这么过去了。

都一年了，我多次梦回初三的那段时光，却从来没有梦见你，一次都没有。

如果不是某个契机让我把你从回忆里捞出来仔细观摩，我想我不会对你有半分想念。

容易动情的人，最过无情。不知道你有没有听说过这句话。但你我都适合于这句话。后来常常有人问起我初恋是谁，我哑口无言。

我暗恋过许多人。从二年级到六年级都喜欢的那个小男生，只见过一次面但对我眯起眼睛笑得很温暖的学长。

还有你。仅仅只是牵手一星期的你。

不过记得有人说：第一次刻骨铭心的恋爱，那才叫初恋。

喂，我对你倒还真的不算是刻骨铭心。你看，你和那段时光那么轻松地就被我抛在了脑后，难得想起。

但是，我曾视你为初恋。

真的。

我将衣服拧干然后大声嚷起来："喂！你们看在我被数学虐得快死了的份儿上帮我晾衣服好不好！没有人出来明天报纸上头版标题就是'某高中少女因舍友们见死不救觉得世界黑暗跳楼自杀了'啊！"

"哪有标题这么长的啊！快滚回床上哭一场悼念你死去的数学成绩吧。"闺密D走出来接过我手中的衣服，笑容像是暗夜里的玉兰花。

我至今不清楚你们为什么没有在一起。也不知道闺密D几次哭泣的原因中有没有你。但我们约好对往事绝口不提，仍旧如胶似漆一如当初。

　　我好像又看见了你。你垂下眸来，嘴角勾起浅笑，眼神像荡着涟漪的湖。

　　再见，初恋。

冷　雨

森蓝一米

从我见你的第一面开始说吧，否则不知道怎么讲下去。

进入了高二的第一学期，你凭不错的成绩进入了一个不错的班级，就在我的隔壁。那时夏天才刚刚开始调到微波炉加热模式。一个闷热的傍晚，我拿着单词在走廊默默背诵，然后听到了一把温婉的女声，在我扭头的时候，瞬间的心动中，你的样子让我第一眼就深深记住。

那个夜晚，无法平静地写作业。不厌其烦地看着走廊的方向，走过去一个女生，两个，三个，不断数着，却都不是你。那时我才理解什么叫心灰意冷，毕竟像这种小概率的事件，唯有傻子才会去数。我明白却无法停止。

让人上瘾却无法自拔的，是不是就叫爱情？

就像第一只蝉发出了第一声鸣叫，整个夏天躁动的情愫开始蔓延。我的体内仿佛有一百只蝉在热烈狂欢着。

后来多方打听，知道了你的名字，你的爱好，喜欢的食物以及音乐，经常出现的地方，甚至你身边要好的闺密、你初中的班级我也了如指掌，你的过去我尽力去了解，我想明白你，懂你，同时爱你。这是我当时幼稚却坚决的念头。

你是我见过唯一可以把校服穿得那么好看的女生。你扎起来的马尾在走路时左右摇摆很可爱，有时我会看得出神被脚下的石子绊倒。你们班每节体育课，我都会踩好点守在走廊尽头，等着你下课回课室，看着你运动过后红扑扑的脸庞，心里反复念着，不愧是我喜欢的人，瞧，多可爱。

没有谁会比你更可爱了。

从那以后期盼或者制造偶遇就是我最关心的事了。

随着课业压力的增大，你开始习惯一个人在放学后坐在楼下的草坪上看一会儿星星。那时的我们总被身边的大人提醒着高考这个噩梦，提醒着我们要时刻关心自己的未来。所以无尽的烦恼与担忧从未停止侵蚀年少的心。

我知道你有很多的心事，因为每天晚修过后总能看见草坪上你的身影，你待的时间也越来越长。但是我没有勇气上前给你安慰，给你肩膀，而是选择了默默守在不远处，一直看着你，直到你起身往宿舍的方向走去。

爱情大概是从喜欢开始的吧，喜欢一个人，她要面对的苦恼就是你的苦恼，她要而不得的幸福就是你努力的方向。

之后成功地制造了几次偶遇，一次是在图书馆，一次是在学校的小超市。你拿起食物架上的原本可以遮挡的薯片后，发现了我正盯着你看；还有一次是在食堂，故意排在你后面，不料你忘带饭卡，回头问我能否借你，我手忙脚乱翻了裤袋，然后递了过去。

"谢谢。"

"不客气。"

简短的对话，却让我接下来的晚饭吃得异常开心。

晚饭后跑去买贴纸，把饭卡装饰得漂漂亮亮的，期待下一次——"能借你饭卡用用吗？""嗯？可以啊。"

有了一面之缘，接下来的故事应该发展得很顺利吧，我是这样想的。因为你喜欢文学，我开始勤跑图书馆，看一些你喜欢的作家的书，企图增加我们之间可聊的话题，还翻了那些不在人世的诗人生前的作品，抄进日记本里，方便给你写信时挪用。

一百字一百字地抄，一千字一千字地写。你没有半个字的回音。我以可能是写得还不够好的原因安慰自己，不去想其实是你根本不对我上心，我不相信会是那样。

一味地相信一些东西，坚持某种行为，孜孜不倦，不计结果，一心一意，甘愿为你固执得像个傻瓜，这是不是就是爱情？

保持着这样不温不火的状态一直到了高三。9月、10月一晃而过，冬天继位。

第一股冷空气南下的时候，你终于给我回复了，一张粉红信纸上写着清秀的字迹，简短的一句话——萍水相逢，随缘即好。

能够这样，已经很不错了。我不敢奢求太多。因为这封简短的回复吧，仿佛彼此间有了默契。每次擦肩而过时都会给对方一个大方的微笑，像老朋友。

我以为情感如水推舟，我们的关系会更进一步。可惜——事与愿违。

高三伊始，一个周末，我跑去书城打算多购买点儿辅导书，碰巧的是，我无意地抬头就远远地看见你正站在自动扶梯上缓缓上来，顷刻间，心里一阵欣喜，莫非真是默契？我下意识整整衣领，准备向你招手——可为什么在你的下一个台阶还站着一个男生，而你熟络地跟他交谈。我看见了你的笑，是与平时截然不同的笑，洋溢着满满的幸福。

为什么，为什么？

后来，我搭末班车回学校，飞过眼前的不是路边的霓虹灯，而是一幕幕他陪着你挑选书籍的场景，你娇嗔地打他的肩；他体贴地帮你提了一晚上的书包。

你和他，不是我。

永远不会是我，对吗？

后来的后来，圣诞节那晚，给你写了最后一封信，不谈心事，不谈情感，更不会问那个"他"是何方人物，大抵说的是祝福的话语，祝愿6月的考试顺利，听起来像毕业赠言，虽然离毕业还有一段时间。

是最后一封。

再也不去图书馆看拜伦的诗了，走进饭堂也随便挑一条队就排，不去看楼下草坪，连教室门前的走廊也懒得逗留了。屏蔽一切关于你的消息，整天和二次函数打交道。

知道你的心事有人倾听，你的烦恼有人分担，你的幸福有人给予，我也就淡然了，你能找到幸福的归属，这就是我希望看到的吧。

这就是所谓的爱吗？

我什么时候变得这么高尚这么伟大了？

你不会知道我敲下这句话的时候伸手抹了把泪。

6月毕业季，收拾行李，各自奔天涯。

9月来到这个陌生的城市，周围尽是陌生的面孔，我们终于是真真切切分隔了百余公里。

一个宿舍只剩自己的夜晚，倚着阳台栏杆，想着遥远的心事，忽然感觉天空好像开始飘下几缕雨丝，把手摊开，伸出去的手却只有一掌心的凉意。

从未和你饮过冰，零度看风景

王 越

1

"啊呀，不好，你来啦！"同班一女生笑得贼兮兮地坐在她的座位上。见到她，女生一时有些手足无措。

已是寒冬。即使是中午，一路骑车到学校也将她的两耳冻得通红。她带着腼腆的微笑走向座位，问道："怎么了？有什么事？"

对方是位活泼的女孩儿，笑嘻嘻地站起身，略带戏谑地说："嘿嘿，也没什么，代人送点儿东西。"说罢一蹦一跳地走了。

她安静地坐下。果然发现一只漂亮精致的纸袋静悄悄地躺在她的桌膛里。打开一看，是一副可爱的海绵宝宝耳罩，里面还附着一张卡片，上面简单地写着："圣诞快乐，注意保暖。"苍劲有力的字迹印在纸上，龙飞凤舞，悠悠地触动了她的心弦。

是他吗？她偷偷向教室一角飞快地瞥了一眼，又迅速收回目光。她只感到心头小鹿乱撞，瞬间充盈起一股温馨与甜蜜……

2

转眼间厚重的棉袄换成了轻盈的T恤。刚下了体育课的她，满面通红，气喘吁吁。没想到，在楼道的拐角处，被一个高高瘦瘦的男生拦下了。

"有事吗？"她不无疑惑，但心中也隐约猜到了些什么。

"呃……"没想到这高大的男孩儿竟脸红了，"给你的。"

男孩儿掏出一瓶水，手悬在了她的面前。她有些惊愕，呆呆地看着眼前的水瓶，不知所措。没容她多想，男孩儿将水瓶往她怀里一塞，逃也似的消失在楼道里。

她愣在原地，直至上课铃响起，她才面红耳赤地低头小跑进了教室。

3

"喏，有人要我给你。"同班的他面无表情地递来了一张字条。

她有些惊讶地看了看他，又迅速低头，接过字条，细声道了谢。接下来的课她都听不进去了。放在口袋里的手紧紧握住了那张字条，手心里都有了细密的汗。一直到了放学，她一路飞奔到家，将自己锁在她小而温馨的房间里。

她深深地吸了口气，然后迫不及待地拿出那张字条。还是相同的字迹："我就是那个送你水的男生。水喝了吗？还有那副耳罩，你不喜欢吗？怎么从没见你戴过？"

啊！原来那副耳罩不是他送的，纸条也不是他自己写的，她心中不免有些失落。旋即，又有一种心跳加速的感觉产生：那个高高瘦瘦男生难道对自己……想到这里，她的脸上不觉有些潮红。

可她一直以为耳罩是他送的！所以一直小心翼翼地珍藏在衣柜中，舍不得拿出来用。然而一切都是她的臆断，他甚至会帮别人给她传递纸条！他会想些什么？她皱起眉头，生出一种无名的懊恼。那个高高瘦瘦的男生，真讨厌……

4

不知从何时起，班级里传起了风言风语。一切都是从他递给了她一张字条说起，并且愈演愈烈。到后来，连老师都将她叫去，有意无意地暗示她要将心思放在学习上。她哑然无语，然后默默离开了。

他找到她，表情有些不快，不耐烦地说："那个事，你最好向大家解释一下。明明与我无关。"她羞得涨红了脸，说不出一句话。

他这才意识到自己的口气不好，尴尬地轻咳一声，"不好意思，心里有点儿烦。总之，那些话对你对我都不好。"

寂静片刻，他低头走了。

5

她将车骑得飞快，心情十分差。没想到，身后又跟上了那个高高瘦瘦的男生。

男孩儿跟上她的节奏，并偏过头对她笑，"嗨！一起走啊。"

她想到一切都是因这个男生引起，隐忍了很久终于爆发："你走开！我又不认识你！你能不能别来烦我！"

不仅那个男孩儿，连她自己也愣了：平时胆小温和的她何时如此大声说过话。她的脸不禁火辣辣起来。

那个男孩儿怔了怔，闷声说了抱歉，便掉过头走了。自此，他很少在她面前出现过。

6

时光如静水流深，转眼过去多少个春秋。偶然间，她会想起那时青涩的她，那时青涩的他们；那副一直珍藏在衣柜里的海绵宝宝，那张略微泛黄了的字条；那段让人感到丝丝的甜蜜又造成了对彼此的伤害的情感，那些难以忘怀却又渐行渐远的青葱岁月……

蓦然间，她想起了席慕蓉的那首《山月》——

月光衣我以华裳
林间有新绿似我青春模样
青春透明如醇酒 可饮 可尽 可别离
但终我俩多少物换星移的韶华
却总不能将它忘记
……

七夕不恋爱

微 晗

其实我本来觉得七夕是挺喜庆的一节日，但是每年到这天，我就会被丢入一个旋涡，这个旋涡叫"你七夕怎么过啊"，搞得好像我单身我危害社会似的。

但是，今年有了转机，这个转机叫作——七夕补课。这样当被问到七夕怎么过的时候，我可以大义凛然地告诉别人，我补课！往往对方听到这个答案就会忽略问这个问题的初衷，搞不好还会掬一把同情泪。

对于周边肆意挥舞的八卦触角，同桌很苦恼："凭什么嚷嚷着过七夕的都是我们这些没有爱情的孩子！"后桌男生翘着凳子，吊儿郎当，"你们女生都喜欢八卦，这么好的日子当然不容错过。"后一秒他桌上的书和地面来了个亲密接触，"你才喜欢八卦，你全家都喜欢八卦！"

其实，后桌和同桌这样吵吵闹闹，欢喜冤家，毕业之后能成双也说不定。如果他们其中一人会读心术，我猜我至少要残缺一段时日。

回家后收到阿昭的短信。"今天七夕啊，晚上一起出来走走吧。"

脑海里翻腾出去年他拉我当挡箭牌拒绝某女生，当时看着她梨花带雨的模样我掐死自己的心都有了。我眼睛一闭，深感过去的年幼无知。这次无论如何也要坚定立场。"我有事啊。"

很快就有了新的回复："你能有什么事！"有个对你了若指掌的好朋友并不总是一件令人愉快的事。

显然某人懒得跟我耗时间，还没有等我回复又进来一条短信："如果你还没有吃晚饭，我可以额外赠送豪华晚餐。来就来，不来拉倒。"

我摸着心口宽慰自己，哪来那么多姑娘跟他表白。然后本着"不吃白不吃，吃了也白吃，白吃我干吗不吃"的原则，我蹬上鞋欢乐地滚出了家门。临出门前看见我娘亲笑得一脸暧昧。我突然觉得这世界肯定是疯了，前些日子我含情脉脉跟我娘亲申请恋爱许可证，她还白了我一眼来着。

所谓免费的大餐居然就是一大碗兰州拉面！心里顿时生出一种无力感。

阿昭皱着眉头，"说了不要香菜怎么还放这么多。"一边抽了双筷子给我拣碗里的香菜。

脑子里蹦出一个傻呵呵的念头，其实，如果去年真的跟我表白了，我也不介意啊。

"干吗约我出来？"

"不是你上个礼拜在空间里说七夕不想一个人过吗。我看你也没人要了，哈哈。是不是很感谢我。"

一群寒鸦飞过……果然是不该对这种将吃兰州拉面定义为幸福的生物抱有太多幻想。其实想说空间那条说说是不小心转的，懒得删就留着了。又怕眼前的家伙一走了之，留下我和两大碗拉面相顾无言。重要的是我没带钱。

吃完饭是7点钟，公园已经被比天上星星还多的小情侣占领了。卖花的人也挺多，平均每五十米一个。

有个小姑娘拽着阿昭的衣服不让他走，一个劲儿地说："小哥哥，你买束花给小姐姐吧？"

我很有自知之明示意阿昭闪人。

阿昭说："你真不要？"

"不要。"嘴上这么说着，却心虚地想：你快发现我的伪装啊，你看刚刚走过去的那个女生长得还没有我好看呢，人家怀里也抱着一束花。虽然我们是友情，但是你好歹也给我撑撑门面啊。

然后阿昭掉头就走，还颇为无辜地摊手给小姑娘看，意思是：不是我不买，是人家不要。

小姑娘看我的眼神瞬间就变了。

最后某人终于感知到我两手空空是多么不合时宜，然后他买了一盆仙人掌。"送你啦。"一边还不忘用大人的口吻教导我，"不到你当红花的时候你就当绿叶好好衬着人家的甜蜜吧。"

我安慰自己，仙人掌就仙人掌吧，绿色环保防辐射，最重要的是它的存活期肯定比那些玫瑰要来得长久。这还当真是爱情转瞬即逝，友谊地久天长啊。

七夕接近尾声的时候，我看见同学发的说说。他说，我们过的不是七夕，是热闹。我们需要找一点儿东西来安慰我们无比寂寞的生活。而身边捕风捉影似的小暧昧便是最好的调剂品。

我会心一笑，这个七夕，有八卦，有友情，没有告白。无关爱情。

后来春眠不觉晓

晴 微

1

南方的夏天就像烤炉一样，从地面往脚上扑来一股股热气，额头上新出的细细的汗，在厚厚的刘海儿下闷着，太阳舔着裸露在手上和脚踝的皮肤。

我皱皱眉，低下头在走廊上走过，在一间间陌生的教室里寻找我的考场。待到找到位子坐下后，才来得及长长地吁了口气，在包里找出纸巾擦一擦汗。

"同学，"左边的手肘被人拍了一下，我循声转过头去，一个男生笑着看着我，"你物理好吗？"

我有些窘迫："不是特别好啦。"

男生依旧是笑吟吟的样子："我上个月因为生病请了假，物理落下来一大堆，题目都不会，待会儿你借我抄下你的物理好吗？"说着他两手并拢，做了个"拜托"的手势。

"哦，好吧。"我破天荒地答应了。

男生点点头："谢谢啊。"

此次对话的结果是，在写完物理卷子后，还剩下一大半的时间，我干脆直接把他的试卷抽过来，帮他写完了整张试卷。

后来并没有发生什么"他为了表示感谢请我去喝奶茶，结果聊着聊着发现相见恨晚"之类的偶像剧情节，他只是在接过卷子之后笑着说"谢谢"。在下考场之后，我绕到门口，凭记忆中他的考号找到了贴在桌子上的信息。他的名字和班级被我虔诚而小心翼翼地记在脑海里——初三7班，李秋白。

李秋白，李秋白，多么好听的名字。

有些人的到来，是为了改变你的观念。在这之前，我一直认为"一见倾心"这种事情打死我我也干不出来，在书上看到"一见君兮误终生"之类的话也嗤之以鼻。但从那一天起，李秋白"啪"一声关掉了"绝不相信一见倾心"这扇窗，我清晰地听到，另一扇窗正在打开。

2

生活大概就是这样，还没相遇之时，你们不知彼此的存在；在遇见之后，对方好像存在于你身边每一个地方。我开始频繁地遇到李秋白，在体育课上，在奶茶店，在楼梯上。

第二次与他打照面时，他冲我挥挥手，我也笑笑。他站在我对面，耐看又干净。他说："同学，我那天都忘了问你的名字呢，你是在哪个班？"

"我在3班，我叫祁春晓，'祁连山'的'祁'，'春眠不觉晓'的那个'春晓'。"我微微低着头，因为怕他看到我鼻子上新长的丑丑的痘痘。

李秋白倒是没注意到我的小动作，他递过来一瓶七喜，"我是7班的李秋白，'李子'的'李'，'秋水白露'的'秋白'。"他眯了眯眼睛，狡黠地笑，"望您笑纳。"语气带着一丝故作的一本正经。

我微笑着矜持地接过七喜来，却在转过身后咧开嘴笑得见牙不见眼。

我看过一首诗，已经忘了从何处看来的：

4月4日天气晴

一颗痘痘在鼻子上

吻过后长的

我照顾它

第二天院子里的昙花开了

开了

迅速凋落

在鼻子上

比昙花短

比爱情长

我不是很懂这首诗，我只是想在喜欢的李秋白面前展示出最好的自己。尽管是拙劣的掩饰，但我仍不由自主地去做。

我承认我胆小懦弱，一点儿也不勇敢。我不敢向李秋白直截了当地表明自己的心思，我小心翼翼地把秘密埋在心里，只敢在夜深之时念出他的名字，还想着哪怕哪天不喜欢他了，这个秘密也只能烂在心里，不让它见光。

3

我和李秋白的关系不咸不淡地维持在"普通朋友"的状态，在我庆幸"这样也好"之时，却在中考前一个月，因为学籍关系，要从锦程中学转回老家的学校，我在家收拾东西后，想去和李秋白告个别。

我跑去学校，在他的教室门口张望，却没有看到他。我拉住一个出来的女生，谨慎而小心地问："李秋白在吗？我是他朋友，你能帮我叫一下他吗？"

"他请病假了哦。"

"这样啊，谢谢……"有一种叫"失望"的情绪在心里如气球般膨胀，炸开。我把手上的纸条递过去，"那么麻烦你转交一下可以吗？"

噢，纸条里没有提到任何一句有关"喜欢"的字眼，只是告别之词。胆小如我，走之前也没有做个勇敢的姑娘。

何况我也普通到了极点，没有什么能让他关注我，又不好看，又不敢果断去爱去恨，只会瑟缩在他身后。他的光，拥有一点儿，就足够了。

回到老家的学校后，我复读了初三，再考上锦程中学高中部，却没有再见过李秋白了。我们是多么普通的朋友，我连他的联系方式都没有，而他又是多么不普通的存在。我不记得他的样子了，甚至怀疑他是否真的在这座城市。

高一的一次回家路上，旁边的两个男生在聊天，"李秋白"三个字准确无误地落入我耳中，直达神经，有刺刺的感觉，我张了张嘴，没有转过头去打听关于李秋白的任何情况。

高二那年元旦晚会节目海选，在舞蹈节目选拔中，有一个男生个子很高，戴着黑框眼镜，瘦瘦的，让我想到了李秋白。

他还好吗？

隔着半个舞蹈教室，我眯着眼睛，因为近视而看不清楚，却清晰地听到他的自我介绍，熟悉的声音，他说："我叫李秋白，2号。"

我脑中的记忆开始一点点接轨，那些细微的往事我又在这一天想了起来。第一次见他，他穿着白T恤，因窗口刺眼的光线而用左手遮着额，转过头笑着说："同学，你物理好吗？"一个线头扯出一大堆细节，记性太好，是件好事还是坏事？

在你黯淡的日子里，生活给你带来一次邂逅，你欣喜而诚惶诚恐地珍惜，然后生活又把他抽离你的世界，兴致勃勃地看你惆怅，看你失落。等你开始慢慢释怀时，他又回到你的世界。生活来了个回马枪，满意地观察接下来的一切。

我觉得自己现在不能说话，我怕那些矫情的话会从我口中蹦出来，变成催泪弹。我转头，和朋友一起离开。

在几天之后，我从同学那里问到了李秋白的QQ，加他为好友，第二天收到了他的同意和一句"你是哪位"。

我打了一大段话，从初三开始，考试，七喜，离开，再相见，想了想，再加上一句："不记得的话，也没关系，我们可以再认识一遍。我是祁春晓，'祁连山'的'祁'，'春眠不觉晓'的那个'春晓'。"

几分钟后，对话框里出现了他的回复："你好，那我们是朋友了哦，谢谢你记了我这么久，我是李秋白。"

期年之后，欣喜相逢。

那年冬天我和你都在

小城长安

1

在冬天还没那么冷的时候，林轩转进了我们班。矮矮的，瘦瘦的，偏偏一脸冷漠，酷得像个小老头儿。这是我第一次在日记中评价其他的男生。

是的，从上一个冬天起，洛楚几乎占据了我日记本所有的空间。洛楚不帅，成绩一般，印象中也没看过他打球，可我偏偏就是喜欢洛楚。其实八年级的小女生哪懂得什么喜欢呢，无非是觉得洛楚皮肤真白啊，觉得洛楚穿白色校服的样子和别人很不一样啊，无非是在看到洛楚苦着脸捧着英语练习时接过来帮他做，无非是在QQ空间看看洛楚又有什么动态，便以为藏在心里不说就是一场暗恋了。这是后话。

然而，林轩来到这个班级之后，洛楚因为古怪的性格换了N个同桌最终换成了林轩之后，一个一米八的高大版"林轩"出现在教室里之后，我终于忍不住再次对林轩做出评价：同样面瘫的父子，同样"二五八万"的同桌，古怪和冷漠的人都扎堆群聚了啊。

后来是怎么跟林轩熟络起来的？似乎是在林轩的本子上看到了什么话，总之，本着"不合群的人似乎很孤单呢，而且可以趁机接近洛楚"的初衷，我雄赳赳气昂昂决定去化解林轩的冷漠。

2

班干部会议上，一贯强势的班长不容置喙地说"我决定调整一下班里的座位"后，又忧心忡忡地说："洛楚和林轩两人似乎很不合群，怎么办呢？"我感觉自己激动得几乎连话都说不好了。

"那个，去年，呃，洛楚去年坐我后边时似乎也没这么沉默啊……我是说，可能是刚分班，跟班里的人还不熟吧。"

"对哦，米蓝你去年跟洛楚是前后桌吧，要不就让他们俩换到你前面好了，你也多帮着他们。"

终于可以近距离瞄洛楚的侧脸了！虽然用了点儿小心计，但此刻我真真爱死了班长大人的说一不二。

趁着洛楚还在教室的另一头挪课桌，我开始和林轩打商量——他早就已经优哉游哉地站在我前面了。

"林轩，你和洛楚换一下座位好不好？"

"为什么？"

"呃……比较习惯。好吗？"

正式成为洛楚后桌之后，我用圆珠笔帽轻轻地戳了戳洛楚的后背，就像去年每天他做的那样："嗨，我们又前后桌了。"

一节课过去，转笔技术超烂的我掉了N次笔，又劳烦洛楚弯腰捡了N次后，洛楚又皱着眉把座位换了回去。突然觉得，是不是自己表现得太明显了，给洛楚造成了困扰？

坐在洛楚身后的四十五分钟里，我才发现其实林轩瘦削的侧脸也很好看。嗯，肯成人之美的人最可爱了。

3

开始觉得自己只是洛楚的路人甲是在目睹了洛楚两次打架事件之后。

某一日，洛楚冲一个打扰他下棋的人动手，结果伤了手指头。在网上，我揣着不安的心一次又一次刺探，才从他口中得到"还能玩游戏，死不了"的信息。明明伤的不是我，怎么觉得这么疼呢。

另一次更是让人感觉云里雾里。午休时，瘦小的林轩噌地站起来，带翻了椅子，洛楚则是给了林轩一拳。在其他人的劝说下，林轩又往椅子上踢了一脚，木方凳在空中转了个圈儿后稳稳当当落回地面，林轩便坐了下去。从头到尾没有人告诉我是发生了什么事。

想了想，我还是决定写张纸条给林轩。

"你们怎么动手了啊？有没有怎么样？"

"你放心。他没事。"

没事就好。

后来偶然一次聊天才知道，那一拳直接冲着林轩的眼睛去的，留下了后遗症。这也是后话。知道这件事的时候，林轩和洛楚早已成了"出双入对"的好兄弟。

4

林轩和洛楚熟络之后，他身上的八卦因子似乎开始活跃起来了。

有一天，刚踏进教室就看到林轩正拿着我桌上的透明胶对洛楚说着什么。糟糕，怎么忘了收起来了！几乎是条件反射地跑过去，一把夺过那卷透明胶，"才不是那样呢，才没有呢！"

不小心滑过林轩的手，凉凉的。自己也像这卷写着"LC5201314"

的透明胶一样，成了一个轻易被看透的透明人吗？

又过了几日，当企鹅弹出消息说洛楚评论了我的日志时，我发誓我连杀了林轩的心都有了！

从不曾进入我的空间的洛楚，居然评论了我的日志？

那是一首简短的、辞藻拗口的、记录了我对洛楚所有的心情的小诗，只有两个评论——沙发来自林轩的奸笑，然后就是天然呆洛楚的一句"说的是我吗"。

事实上我也的确找林轩兴师问罪了。可他一句话便噎得我哑口无言。他说："你不是本来就想给他看的吗？"

后来那首小诗被越来越多的日志所掩埋，那卷透明胶也终究没有用完就不知被随手搁置在了哪个角落，冬天的风带走了那时的温度。

5

国庆节之后，一股寒流不期而至，我开始后悔为何早上还穿短袖，冻死了。

也许是咳嗽声很吵人，上课时洛楚回过头来说："你也感冒啊。"然后就没有了下文。

好不容易终于提着一大袋药片赶在第二节上课前从校医室回来，却看到林轩一边喝着冒白烟的热水一边幽幽地说："有的人啊，就是喜欢死撑，说自己不怕冷，要风度不要温度的人啊，唉！"

"咳咳，有这么对待……咳，病人的吗？"

"那要不要我帮你打热水啊？"林轩瞬间又变成一副嬉皮笑脸的欠揍样。不过林轩倒也真帮我打了一大杯热水。吃了药后有些困乏，我就直接趴在了桌上睡了。杯子里剩下的水慢慢变冷，然后被倒掉。

6

寒冬真的来了，林轩每天穿得圆滚滚的，单脚站着斜倚在课桌边上往水杯里吹气，然后就看到白蒙蒙的水雾涌上来。这是环境描写和动作描写，肖像描写就是：一只刚睡醒的树袋熊，皮肤黑不溜秋的。

圣诞节的早上冷得让人怀疑这个南方小城是不是也要下雪了。犹豫了几分钟后我还是决定踏出温暖的食堂，然后百米冲刺冲进教室。果然——

从背影就可以看出来了，熊先生在捧热水。

突然起了玩心，不知道一只慵懒的树袋熊被吓到会是什么反应呢？

这么想着，在脑袋还没来得及判断之前，我已经把自己冰冷的手伸到林轩的围巾里，动了动僵硬的嘴巴说："冷不？"手都冻麻木了，只觉得温温痒痒的。

林轩的头僵硬地转了四十五度，几不可闻地"嗯"了一声。黑黑的脸颊有点儿红。

冻的吧。

7

冬天过后，新学期开始前，我固执地要求转学，并且顺利地转到一个陌生的城市，再也没见过熟悉的风景。

习惯使然，我开始和林轩打长长的电话。每天晚上，躺在被窝里，天南地北荤荤素素地说，最后说一句"晚安"，便放下手机安睡了。

不过，经常也会有意外状况发生。

"洛楚最近和一个女生走得很近。"

"哦，然后呢？"

然后就听到电话那头传来林轩妈妈的声音。

"你等会儿，我妈叫我。"

"嗯。"

"……你看你看你看，一个十几岁的人了，还这么……"

怎么？就在我竖起八卦的耳朵想听林妈妈爆料时，"吱"的一声，电话被林轩掐断了。

十分钟后。"米蓝？""嗯，困了。""那睡吧。""晚安。"

"嘟……嘟……嘟……"时间就随着一声声的忙音过去了。

8

再后来，我用了一年的时间熟悉了这座城市的风景，也结交了新朋友，和林轩打电话的时间越来越少了，上网聊天时林轩越来越频繁地提到另一个女生的名字。

直到有一天，林轩说，她快要生日了，他打算送她个游戏限量版公仔。那个游戏听林轩说过，他说她也很喜欢玩。

纵使早已找到了自己的Mr.Right，心脏仍清晰地酸痛了一下。你可知道，当初你当作生日礼物送我的那封信，我连折痕都舍不得改变地珍藏着。之后听着林轩兴高采烈的声音，我已经不知该如何回应。

终于还是打断了林轩。

"那个，我跟你说。"

"什么？"

"你，知道我曾经很喜欢你吗？"

整个世界都安静了。两秒钟后，林轩才说："那你知道我曾经也很喜欢你吗？"

"你知道你回学校办转学手续的那天我在家里拉了一个早上的'长亭外，古道边……'吗？"

"你……当年怎么不说呢？"

"当年你不是疯狂地喜欢楚哥吗？"

"我……"我可以说其实我早就知道自己只是误把对洛楚的习惯当成喜欢吗？

"算了，你都已经有男朋友了，还提这些旧事做什么呢。"

林轩的二胡拉得很好。"长亭外，古道边，芳草碧连天……"二胡的声音肯定很忧伤。

9

"如果当初勇敢地在一起，会不会不同结局？"

如果当初我们中的谁先说破了，现在的我们会是快乐地在一起，还是因为发现对方越来越多的缺点而不欢而散？

然而正如林轩所说，还提那些旧事做什么呢？

现在的我生活很好，有一个自己很喜欢的男朋友，这份喜欢超过了对林轩的那种情感。只不过，再也没有那年冬天的纯真。

世人说，最喜欢的往往不会在一起，在一起的往往不是最喜欢的。

那就和最喜欢的在一起，把最美好的珍藏在心里吧。那年冬天那些美好和纯真，被收进精美的匣子里，只余下风轻轻地吹过耳边，还带着一点儿余温。

某一天的课堂上，不小心又把笔掉到了地上，前桌俯身拾了起来。忽然想起，曾经有那么一个人，不厌其烦地帮他的后桌拾了一个冬天的笔。

那一年的冬天不经意被放进了心里，就像不小心进入蚌壳的小沙子，不停地磨，磨，磨，硌得生疼，直至不疼。再后来便是等待某个午后再有人不小心打开蚌壳了。到那时，也许光彩绚丽，也许黯然无华。

谁知道呢？

怀念你，还是怀念从前

小妖寂寂

　　时间走得很快又很慢，不知不觉，我升上高中已经三个月了。课间的时候我莫名地叹了一口气，忽然就被林幺幺一记敲在额头上，她恶狠狠地说不许我再想你。

　　有很多人问我在一中过得怎么样，在大家看来我理所当然过得很好，是啊，全市最好的高中了，这里的教学设施一流，老师课讲得很棒，同学也很好相处，食堂的饭菜更是有名地好吃，而且我还发现学校里帅哥美女也出奇多。这里的一切都显得那么的美好，可是奇怪的是我觉得自己一直都有点儿不开心的感觉。

　　林幺幺说是因为你不在这里，我居然直接点头承认了。

　　每天晚上睡觉前，甚至自习课上，我总是会不自觉就想起我们初中的生活。那似乎已经是很长时间以前的事情了，虽然事实上才隔了不过半年的时光。每次一想到再没有人逼我说班主任的坏话，再没有人往我桌膛里塞零食，再没有人天天听我嘀咕我的作家梦，再没有人在我打瞌睡的时候给我讲笑话以刺激我清醒，再没有人怎么怎么的时候，都会有一丝莫名的哀愁从我心底生起，抽丝一样于日久天长里无声无息中就把我给淹没。

　　我常常会对林幺幺说，如果有时光机，我一定要回到中考填报志愿的那一天，然后在那张表格的第一栏里毫不犹豫地填上二中，这样今天我就可以和你待在一起了。但有时光机吗？没有，机器猫叮当只存在漫画里，现实的时光是不可能倒流的。

一中和二中，分别坐落在这座小城市的南北两端，在地图上连接起来是一条很短很短的线段，可是，有人却用两封不同颜色不同大小的录取通知书在这线段中间划了一道口子，从此无法逾越。高州它只是一座很小很小的县城，以前我一直这么认为的。可是为什么上了高中后，我突然觉得它变大了，大得有点儿陌生。我想问高州，你还是原来的那个高州吗，是你改变了，还是我们改变了？

林幺幺总是笑我一天不提你的名字就好像没办法活了似的，其实我只是想提醒自己要记得你，也提醒自己在这个城市的另一端，有一个很好很好的人在那里，我并不孤单。

晚上睡觉前我用手机上网，你的微博里偶尔在抱怨几个看起来不怎么友好的同学，我真羡慕他们，虽然你不喜欢甚至是讨厌他们，但他们和你待在同一个学校，每天都能见到你，听见你的声音，看到你的笑容，你不知道我对他们有多羡慕嫉妒恨。

还在初三刚结束的那个暑假开始，我就不再看柯南了。因为柯南永远都不会长大，他可以一直一直读一年级，而我们却在一天天长大，然后离开。不知你是不是还在看柯南，不知你是不是还在听周杰伦的歌，我想告诉你，我也开始在听他的歌了，虽然我努力了很久还是不怎么喜欢他，但是能和你听同一个人唱同一首歌，我觉得是挺幸福的一件事情，所以我很认真地听，很认真地学你过去的样子跟着哼唱。

现在的我终于变得像你期望的那样，不再把饭菜里的姜丝、蒜苗和葱花往外挑了，你说过它们对身体有好处，我决定相信了。

每当看见校园里结伴而行的男生和女生，看见教室里嬉戏打闹的男生和女生，我总会想起那时的我们。想起你的时候，我也一并想起了初中楼梯上地砖的颜色，想起初中教室里桌子的排列方式，想起初中下课铃声的旋律，想起操场起跑线的位置……

是的，我什么都还记得呢，最重要的是，我记得你说高中三年无论人在哪里，都要记得努力快乐，记得积蓄力量，记得考同一所大学的梦想。所以我向林幺幺保证，这是我最放肆的一次想念你，从今以后，我只会整装待发，只为在三年之后能以一个更好更自信的自己，等来与你的那一场重逢。

洛晓小的 G 小调

羽 沐

十八岁生日的那天，洛晓小收到来自黎钰的生日礼物——一个印着阿狸的马克杯。从此洛晓小便有了喝咖啡的习惯，而且总是对着杯子傻笑。

洛妈妈说："晓小，你不会是压力太大，疯了吧？"

初二。

洛晓小喜欢黎钰。

身边的人总是问她："黎钰长相一般，学习一般，你到底喜欢他哪儿啊？"洛晓小眨巴眨巴自己的眼睛，反问道："喜欢一个人，难道还需要一个惊天地泣鬼神的理由吗？"

不需要吗？需要吗？洛晓小挠头。她也说不上来自己看上了黎钰哪一点，如果非要追根溯源的话……洛晓小的脸红成了个西红柿。她总不能说，是因为她生理期疼得要死的时候，黎钰给她买了杯热甜奶吧？

可事情的起源有时候偏偏就是如此尴尬，甚至洛晓小还总能回忆起，给她甜奶的时候，男生那双耳朵红得像极了操场那边被晚风吹散的云霞。

有些事情，就是如此奇妙哪。就好像一粒种子，明明那么不起眼，可你若是提供给它适宜的温度和阳光，它便会悄无声息地成长。黎钰就如同这颗种子，在洛晓小的心底迅速扎根，还冒出了两片绿油油的小叶子。

初三。

洛晓小把自己锁在房间里不肯出来。

洛妈妈在门口苦口婆心地劝她："晓小，妈妈也是为你好啊，以你的分数考重点还是有把握的，干吗一定要报普通高中呢？"

洛晓小对着门口喊："明明是你说过宁做鸡头不做凤尾，是金子在哪里都会发光的啊！"

"妈妈当初不也是怕你压力太大嘛，可现在不同啊……"洛妈妈依旧在门口碎碎念。

洛晓小索性不再搭腔，把自己摔进柔软的大床里，拽过枕头捂住耳朵。她才不要听那些大道理呢，她只知道，自己和黎钰有约定，所以她才不要做背信弃义的小人。

洛晓小的思绪逐渐飘到某个午后，她和黎钰坐在教学楼门口的台阶上，歪着头，看他摆弄着手里的那张成绩单。

"洛晓小，你说我是不是很笨……"黎钰的声音很轻，轻得都快被一阵风吹散了，可却还是准确无误地落入了洛晓小的耳膜，连带着他散发出来的忧伤。

这让洛晓小忽然就有了那么点儿小心疼。

"谁说的，你一点儿都不笨呢！"

"可是，"黎钰扬了扬手中的成绩单，"怎么还是这样惨不忍睹……"

在洛晓小的记忆中，有调皮的黎钰，有耍赖的黎钰，有不羁的黎钰，却从来没有……悲伤的黎钰。

洛晓小咬了咬嘴唇，豪气万丈地把自己的胳膊搭在黎钰的肩上，"嘿，别这么沮丧嘛，以后咱俩考一个高中吧，然后一起努力！"

黎钰没准以为洛晓小只是单纯地在安慰她，所以只是看着那张充满斗志的脸，淡淡地说："谢谢。"

黎钰的眼瞳中，映出洛晓小的影子。而这，便已足够让洛晓小幸福的了。

洛妈妈的声音一点点变得缥缈，睡意逐渐袭来。洛晓小迷迷糊糊地嘟哝一句："才不要食言，食言而肥，会变成大胖子的……"

高一。

在操场上看到洛晓小的时候，黎钰眼中一闪而过的惊喜让洛晓小觉得，自己离阳光那么近，温暖得让人想要放歌。

洛晓小总是会有意无意地从黎钰班外面的走廊经过，有时候能看见他在做题或是聊天，偶尔也能看见他趴在桌子上睡觉，窗外那棵大榕树投下的斑驳阴影轻盈地在他的脸上跳动。

洛晓小觉得很幸福。因为每次只要她的身影落入他的眼眸，他总是会笑着对她挥挥爪子。有一次黎钰还特地送过来个苹果。他和洛晓小说："是别人送的呢，送了两个，所以和你分享一下。"说完以后，黎钰调皮地笑了笑，露出他尖尖的小虎牙。

在洛晓小的世界里，学习和黎钰成了她的全部。她想，等到高中毕业，就向黎钰表白。为此，她兴奋了好几天，甚至已经打好了腹稿。

直到有一天，洛晓小在校门口和黎钰无意邂逅，才突然发现自己兴奋了好久的小心思有多么的愚蠢。黎钰说："嘿，洛晓小，这是我新交的女朋友。"说完，他不好意思地挠挠头。

午后的阳光伴随着黎钰身旁的女孩儿灿烂的微笑，晃得洛晓小涌上一股想要流泪的冲动。所以，她落荒而逃。

高二。

如果你想见到一个人，那么你无论和他相距多远，都会想办法见到，而如果你不想见到一个人，哪怕他就在你的身后，你也会吝啬于为他转一下头。

洛晓小不再有事没事往黎钰那边跑，开始专心致志地啃书。就好像她的生活里，从未出现过黎钰这般的人物一样。

初秋的风夹杂着丝丝凉意，洛晓小坐在花坛边上，听着歌，安静地读一本英文小说。一片阴影突然遮挡住阳光，洛晓小抬头，意外地看到了那张熟悉得不能再熟悉的脸，只是耳朵上，还挂着可疑的红晕。

被洛晓小塞进了角落里的某些回忆突然喷涌而出。操场，晚霞，少年。唯一不同的是，少年此刻握在手里的，是一个天蓝色的信封。

"给我的？"洛晓小放下英文小说，从黎钰手里接过信封，"是什么？"

"情书啊！"

洛晓小的手一抖，一点点地撕开信封，"你写的？"

"不是不是，"黎钰挠挠头，"是我一哥们儿写的。他知道咱俩关系不错，所以托我给你送来。"

洛晓小的动作停滞下来，晃了晃手中的那封情书，"你是想我和他交往？"

"没有啦，我只是负责送信而已，不过他人真的很不错呢。"

秋蝉在花坛里叫得撕心裂肺。洛晓小沉默许久，终于轻声说："黎钰，回去告诉你那哥们儿吧，就说我同意了。"

黎钰欢天喜地地应下以后，转身离开了。

"刺啦——"

那封情书连同信封在洛晓小的手中变成了无数个小碎片被抛散在空中，又一片片孤单单地落下，划出好看的弧度。

如果不是你，那么，谁在我眼中其实都一样。

高三。

洛晓小把全部的心思都放在了学习上。她和那个黎钰的哥们儿许意当初交往了不到三个月就分手了。

是许意提出来的。他说："晓小，你的眼里，其实根本就没有出现过我的身影吧？与其让你做个傀儡娃娃，倒不如放你自由。"

冲着这份洒脱，洛晓小反而和许意成了朋友。

偶尔他也能从许意那里听到关于黎钰的只言片语。比如，他和那个女生分手了，又交了新的女友，然后再分手……

黎钰的前女友就如同洛晓小做完的提纲一样，不断地在提升数量。偶尔洛晓小也会在某个地方和黎钰偶遇，打过招呼以后，又匆匆地擦肩而过。

曾经的青涩少年，如今也出落成了这般好看的模样。只是那双眼眸，再也不像一汪清澈的湖，反而成了波涛汹涌的大海，让人一眼望不到尽头。

所有人，都逃不过成长的桎梏。

所以洛晓小把自己的十八岁成人礼藏了起来，只和父母在一起，唱了首歌，吃掉那块甜到发腻的蛋糕。

第二天上学的时候，洛晓小竟意外地看到黎钰站在班门口，看到她过来，笑着冲她招了招手。

一份礼物被塞进她怀里。

她一边拆包装一边打趣道："怎么，又是替你哪个哥们儿跑腿来了？"

黎钰伸出手揉了揉洛晓小额前的碎发，"真是个爱记仇的姑娘。这次不是啦，我亲手挑的礼物呢。怎么样，喜欢吗？"

什么时候开始，初中那个和她一般高的小子已经长得快比她高出一头了呢？时光真是个可怕的东西啊。

洛晓小笑着撕掉包装纸，一只印着阿狸的杯子静静地躺在透明的塑料盒里，一双水汪汪的大眼睛正无辜地和她对视。

"喊，真幼稚。"她故意板起脸，装出一副嫌弃的表情，却始终藏不住眉眼间的笑意。那么明朗。

黎钰使劲捏了下洛晓小的鼻子，然后像只偷腥成功的猫一样大笑着消失在楼梯拐角，任凭洛晓小气得在后面跳脚大叫。

"喂，小寿星，总板着脸会长皱纹的啊！"

洛晓小真的很想把杯子砸在黎钰的脑袋上。不过，她也就是想想罢了。指尖从阿狸那张萌翻了的小脸上划过，有点儿冰凉。

她才舍不得丢出去呢。

其实杯子里还有一封信。看着熟悉的黎氏狂草，洛晓小哭笑不得。

虽然字是龙飞凤舞了点儿，不过洛晓小还是很认真很认真地把它看完，然后把自己锁在屋子里狠狠地哭了一场。

在信里，黎钰讲了一个男孩儿和一个女孩儿的故事。女孩儿明媚得如同一尾色彩斑斓的鱼，游进了男孩儿心底最柔软的地方。男孩儿爱不释手，却又不知所措。为了不失去，男孩儿宁愿保持着彼此间的若即若离。黎钰说，晓小，我们就这样，做一辈子的好哥们儿吧。与其以恋人的身份一点点消磨掉彼此间残存的最后一丝好感，倒不如努力维系我们之间的友谊。

对黎钰这种写篇八百字作文都无比费劲的人来说，这洋洋洒洒的两页信实属不易。黎钰倚在窗前，安安静静地看着窗外渐沉的夕阳，曾经也是这样的一个傍晚，他把一杯甜奶放进女孩儿的掌心，然后红着耳朵走开了。

可他不知道，就是这杯甜奶，使黎钰这个名字穿越了女孩儿的豆蔻年华，几乎，横亘了她一整个少女时代。

我只是你的炮灰乙

子非鱼

你是我猜不到的不知所措，我是你想不到的无关痛痒。

你说："小弟，咱认识这么久了，你以后不会忘记大哥我吧？"我撇撇嘴，说："咱怎么可能忘记您老人家，只怕您老人家贵人多忘事，把咱扔到九霄云外去了。"你低下头，似笑非笑地说："不会呢。"我在心里暗想，你迟早会忘了我的。因为我顶多算你一个升级版路人甲，你爱情中的炮灰乙……

怎么说呢？虽然你穿着白色衬衫，笑得一脸无邪。但咱对你的第一印象还是纨绔子弟，不思进取，吊儿郎当。谁让你的自我介绍开头便是"性别男，爱好女"呢？所以当老师把你安排到我前排时，我就已经打算好要做一堵墙，任凭风吹雨打，咱坚决咬紧牙关，不理你，不理你，就是不理你。可这世上哪有不透风的墙呢？况且你偏偏又是个挖墙脚的。

当你把书包放下时，并没有急着跟你同桌打招呼，反倒饶有兴趣地打量着我，说："嗨。"我白了你一眼，继续看着我的《中学生博览》，心想着嗨什么嗨啊！我跟你熟吗？这样想着，又忍不住翻了一个大大的白眼。你有些疑惑又带些好笑地问："哎，你怎么对我总是一副'你再过来我就咬你'的表情啊？你属狗的吧？"我瞪着你，暗自腹诽你才属狗，你全家都属狗。你一脸无辜地吐了吐舌头，悻悻地说："算了吧，你现在一副'你再看我，再看我，再看我就把你喝掉'的样子更恐怖。"说完就转过头去了。哎，我有这么面目可憎吗？我心里一个大大的问号。

语文课上，你冷不防转过头来，说："你当我小弟吧？乖，叫声大哥。"说着，还故意亲密地拍了拍我的肩膀。我一脸不可思议地看着你，咱是女的啊女的啊，你是眼睛长到脚底板去了吗？看不到我那飘逸的垂到半腰的长发吗？而你轻咳两声，一脸娇羞地说："哎呀，小弟，别这样看着大哥啊，大哥会害羞的啦。"天啊，我真想喷几口血出来以表咱的清白。你一把抢过我正攥在手中的笔，笑着说："小弟，这笔就算咱的定情信物了哈。大哥我就拿走了。"我惊愕地看着你，脸微微发烫，忍不住叫出来："啥？定情信物？"你淡定地说："嗯嗯，兄弟情谊嘛。你想哪儿去了？"说完便转过身去了。什么兄弟情谊，咱不能稀里糊涂就成了别人的小弟啊！于是我不得不用手指头狠狠地一遍遍戳着你的背脊，让你还笔，以至于整整一节课，都听不进老师在讲什么。你倒好，一脸享受地说着，小弟，下边一点儿下边一点儿，左边一点儿左边一点儿。敢情你在享受按摩啊！后来我才知道你当时只是要借支笔，内心不禁咆哮：借笔就借笔呗，乱攀什么亲戚。

课间，你又转过头来，问我："小弟，这道题怎么做？"我本着苦海无边，回头是岸，对于纨绔子弟求上进这等洗心革面、重新做人的觉悟自然要加以引导，这也算是功德无量的赤子之心，停下手中的笔，看了一下那道题"孕妇需要注意哪些事项"，天，这什么啊！我冲他吼："你搞什么，你要生孩子是吧？"顿时喧闹的教室一下子安静下来，接着发出一阵爆笑。丢脸死了。你也一脸难为情地扯了扯我的衣角，示意我坐下。我没好气地踢了一下你，坐下了。你跟我解释道："我要有弟弟或妹妹了，我要当哥哥或姐姐了。"呃？原来你性别还没定啊……

就这样，渐渐地咱俩熟络起来，你会把一本笔记本或课本"啪"一声摔在我桌前，摆出一副老大的架子。但会在我愤愤地瞪你一眼后，又嬉皮笑脸地说："小弟，帮大哥抄点儿笔记。"见我无动于衷，你还是一脸讨好，但称呼万年不变："小弟，你就行行好吧，帮帮大哥呗。"然后又唱起了"手里捧着窝窝头，菜里没有一滴油"，摆出一副可怜兮兮的样子，然后又是啰啰唆唆一大串，我真怀疑你是不是唐僧转世。其实有时我真的很想说，有这求我的功夫抄都抄完了。可为什么说不出口呢？呃，我是绝对不会告诉别人，那是因为你可怜兮兮的样子好可爱。

偶尔我也会搞些恶作剧，把笔特意放在桌子最前方，只要你一靠近我的桌子，衣服立即会被画上一道丑陋的痕迹，尤其是你的白色外套，早已数不清有多少条杠杠。但你从不生气，还会很纯真地对我笑笑。搞得我内心不安，也许某种不知名的情愫就在那时悄悄滋长。

你是否记得你对我说的："小弟，大哥罩你。"这样一句玩笑话也竟让我有些小小的感动呢。闺密问我是不是喜欢你，我一脸惊恐地回答怎么可能。然后我又开始问自己真的不可能吗？我不知道。我只知道你曾对我说，我戴着一张面具，别人很难看穿我的喜怒哀乐。我只知道你能一眼洞察我的悲伤并不着痕迹地逗我开心。我只知道我感冒时你为我借的那包纸巾，我一直没舍得用……原来我们的回忆已经有这么多了呢。可是这是喜欢吗？

晚自习，你一脸轻松地对我说："我跟我妈吵架了，我妈把我赶出了家门，我没地方去，小弟，我能不能住你家啊？"什么？带男生回家住？爸妈不打死我才怪。不过你略带些孩子气的调皮语气，好像在诉说与自己无关紧要的事，很难让人相信那是真的。我也是玩笑着说："好啊好啊，你给我睡厕所去。""不，我要睡你房间。"你继续跟我撒娇卖萌。"滚哦。"我白了你一眼，心却像小鹿般扑通扑通乱撞。但是你眼底那一闪而过的忧愁，我还是看到了。

也就是那个晚上，我看见你落寞地走在大街上，也就是那个晚上，我开始确定我喜欢你。

本来我是不打算告白的，可在闺蜜"追求幸福要勇敢"的影响下，又得知我两个小学同学有情人终成眷属之后，不禁怦然心动，头脑发热，迷迷糊糊地就向你告白了。但你的那句"这笑话不好笑"却惊醒了我。是啊，你怎么可能喜欢我，我捏了捏自己身上的小肥肉。说到你的追求者，貌似班上加我一共有五个，这是她总结出来的。据说你每到一个班，都能令那个班上的女生热血沸腾。对此我一直都半信半疑。

中考过后，我如愿考上一中重点班，而你买进了平行班，她也成了你的女友。即使同所学校，我们也变得生疏起来。这岁月啊！真不愧是把杀猪刀！

现在我们相识已有三年又四个月了，也许我还没有完全忘记你，还想着托闺密转交给你的那条带有星星挂饰的手链，是你名字里那样的星，你是否早已丢掉。写这篇文其实只是我想要纪念那段时光，那段也许你早已忘掉的时光。现在，让已经决定要彻底忘记你的我作为炮灰乙，献上我最诚挚的祝福。

向阳绽放的少女

　　我多么想再帮夏阳画一幅向日葵，让阳光陪伴这位少女悄悄绽放。但一直到我去进修，都没有这个机会。直到后来我收到了夏阳的包裹，打开来一看，正是那幅上次被我撕成两半的画，夏阳用胶水小心地粘好，完好如初。画上金色闪耀的向日葵如同刚从晨曦之中苏醒过来，曲折向上的绿茎透露出执着。我知道，纵然是时光的力量，也无法抗拒年少的理想。而夏阳，也终会在这阳光下绽放。

向阳绽放的少女

陈勋杰

  说来的确巧妙。无论是在普通班、尖子班或是模尖班，总是有着几个特别的存在。比如我们班的班花白晓凉，相貌气质皆好，成绩家境也不错。而往往相对的，总是有夏阳这样一个特殊的角色。有时候低调得过了头，与高调的性质是一样的。生活中她与沉默相伴，关键时刻一鸣惊人。她粗糙的打扮、神经质的举动成为八卦分子的最佳谈资。犹记得前几天有高傲的女生故意大声说："你们看夏阳的那条连衣裙都穿了几天了，她自认为那条裙子很漂亮吗？"

  尖锐的嗓音近乎扎破人的肌肤。

  然而夏阳又有新动态了。她在班会课上再次爆出了令人惊悚的句子。她说："老师，我想和陈勋杰做同桌。"这几个字薄薄地从她的唇中吐出，却仿佛在我的脑浆里撒下了几枚手榴弹。我抽风似的将身子挺立起来，看见周围同学讪讪笑着，鄙夷的表情像是在看一场闹剧。而夏阳依旧穿着那条皱巴巴的连衣裙站在那里，在夏日空气里显得如此俗气陈旧。

  事情应该始于上个月的月考。英语考试我因为贪睡而错过了听力部分。我理直气壮地坐下来，将牛仔裤一圈一圈翻上去，我在冒汗，因为心虚。虽然我是美术生，但少了听力分将使成绩更加不堪。我握住试卷的一角默默叹了一口气。

夏阳恰好就坐在我的后面。或许我的表情被她察觉，又或许她听见我的那一声哀叹。我所穿的灰色衬衫紧贴着肌肤，不一会儿就感觉到了指尖的温度。那是夏阳的手指在我的背脊上游走。那感觉微妙极了，我愣了一下，旋即察觉到她手指走向的规律。

那一笔一画分明是英语听力的选择题答案。

我一边不安分地想扭动自己的双肩，一边又极力控制着自己将答案迅速填上去。这番暧昧并且短暂的作弊举动竟然未被任何人发现。考试后我请了夏阳喝奶茶，嬉皮笑脸地对她说："你这方法不错，以后我们常沟通。"

万万没想到夏阳牢牢扣住了那句话的尾巴，并且努力地将其变为现实。我无法想象当我的哥们儿用有点儿"娘"的嗓音叫出"天哪夏阳摸过你的背"时我该用怎样的表情回应，更无法忍受同学们谈到夏阳的时候时不时将我的姓名一并绑定进去。一种耻辱的感觉开始在我心底肆意蔓延。但夏阳将课桌搬过来的时候，嘴角依旧不知好歹地微微笑着。瘦小的脸颊使得双眸突兀并且澄澈，头发干枯无力地披在双肩上，和那些在夏天千娇百媚绽放开来的女生划清界限。

整整一个月夏阳都反复对我说："陈勋杰，你在校展上展出的那幅向日葵真好看。"我想起来，那是去年夏天画的水粉，并不是非常出色的一幅画。我有些不耐烦，于是皱着眉头回答她："想要吗，到时候送你好了。"

夏阳其实也是艺术生，准备考播音主持专业。其实我们的普通话并不规范，若非要咬文嚼字地去读，那效果总是让人发自肺腑地恶心。夏阳通常都在混沌一片的课间开始练习读音，那个时候大家的脑袋都低下来黑漆漆的一片，唯独夏阳挺立在那里，像一朵病态残喘的花朵。她一张口，目光便从四面八方投射过来。嘲笑的，厌恶的，讽刺的，憎恨的，还夹杂着含义不明的笑。我也坏笑着将耳机摘下来，不怀好意地等待着那篇《荷塘月色》的终结，然后送上几分稀疏的掌声。然而单纯的夏阳竟然在掌声落下之后羞涩地对我展开了笑颜。而夏阳的最新动态，竟然是去参加校庆主持人的选拔活动。这几天来，女生们像麻雀一般聚拢在夏阳的桌前，居心不良地与她聊天。

聊天的内容充满了火药味和锋利的尖刺，然而夏阳什么都不知晓。她仿佛一下子被人推到了镁光灯下，不知所措却又安静本分地细细回答着。我自知与夏阳不是站在同一条船上，于是无所谓地挂着耳机在桌下画起了素描。偶尔听见女生们中间爆发出一阵惊叫，那肯定是夏阳又吐出什么令人惊悚的语句了。我一脸漠然地抬起头，看见夏阳似乎也在微笑。

但这般冷嘲热讽的日子并未草草收场。犹记得临近校庆那天，女生们围在落选了的夏阳桌前，笑声之大，将我的耳膜刺痛。我手中的炭笔不经意间因用力过猛而折断，心底暴动的野兽一下子被点燃。我一下子站起来，将手中的木质画板狠狠甩在桌上，对着那群沸腾的女生们咆哮道："你们真是给脸不要脸，是不是准备吵到学期结束！"大家一下子沉默下来。我猩红着眼，粗暴地指着眼前的女生说道："以后再到这里无事生非你就试试看！"那些女生的脸上瞬间抹上一层灰绿，眼神里压抑着不满和偏见，却只好强忍着悻悻离开。而夏阳的动作停滞在那里，双眼空洞地望着居高临下的我。

"夏阳，你真是脑子有问题。那些人分明是在捉弄你。你根本不配当我的同桌。"末了，我压低嗓子甩下一句话，然后旁若无人地开始削那支折断的黑色炭笔。

事实证明，我的那一次爆发在很大程度上削弱了敌军的意志。但夏阳依旧是大家私下的谈资，夏阳依旧过着特立独行的生活。

那日下课之后我潦草地收拾东西离开，弧形走廊外的阔叶植物散发出一股辛辣的味道，我穿过熙熙攘攘的人群，径直向树荫下的车棚走去。夏阳一直都慢吞吞地跟在我的背后，脚步的频率控制得刚好，她踩着我的影子，头顶是持续燃烧沸腾的艳阳。我在离车棚还有几步时迅速转身，夏阳站在一处空旷之地无处躲藏，单薄的影子被细细拉长。

我说："你跟踪我是吗？"

夏阳的目光停留在自己的鞋尖上。仿佛是攒够了足够的勇气，然后注视着我的瞳仁说："陈勋杰，你那幅画能送我吗？"

"不可以。"我小声而急促地回答道。想到之前我好像有答应过夏阳，于是转身接着说："有时间的话，我或许能帮你再画一幅。"

"果然是有些过分的请求啊。"夏阳勉强挤出一抹微笑，身上的碎花裙子一波一波随风荡漾起来。

我一只脚踏上踏板，眼神投射在远方的火烧云上，说："时间不早了，还要赶来上晚自习呢。"然后飞快地从夏阳身旁抽离。

那幅画满向日葵的水粉是绝对不可以送给其他人的，因为那是我向白晓凉表白时准备送她的礼物。我是什么时候喜欢上的白晓凉？或许是上次晚会的时候我与她合影，汗毛几乎要贴到对方的肌肤，又或许是前几天踩着课桌出黑板报的时候她一直在旁边给我递粉笔。就像诗歌里写的那样，如果这份感情不表达出来，我想我的青春不会完整。

那是周日一个恹恹欲睡的下午，上完两节课后大家都回家了。我故意磨蹭到最后，默默注视着白晓凉将黑板上的最后一点儿笔记抄完，空气是黏糊糊的质感，日光在其中浮游。

接下来的桥段像烂俗的偶像剧，我红着脖子将那幅画小心翼翼地交了出去，我说了些什么，又仿佛什么都没有说。结果我等到白晓凉的是一份温暖的拒绝。彼时我的脑子纠结成一团麻，看见落地窗上映出白晓凉明媚的影子，白晓凉就站在我面前，纤长的睫毛如同羽翼。白晓凉说了一些不痛不痒的话，接着从前门走了出去。我企图追上去，却在门口不偏不倚地撞上了夏阳。她是回来拿东西吗，还是在偷听？我的心像划了一道口子呼哧呼哧漏着气，我猛地将手中的那幅画一扯，金色向日葵变成了两半。我将它放在夏阳的手里，咬牙切齿地说："这幅画送你。"然后逆着光一步步跑开了。

彼时的自己心浮气躁不可一世，仿佛明天就可以背叛全世界。我极力想忘记那天白晓凉说的所谓不痛不痒的话，但那些话却像电影里的冗长独白一般，在脑海里变得愈发明朗深沉起来。记忆中白晓凉对我说："陈勋杰你难道不是喜欢夏阳的吗？"

我强忍着难过，说："怎么可能。"

"往往一件小事会留给人深刻的印象。比如一句话，一个微笑，一抹色彩。当那些向上曲折却又执着的向日葵出现在我眼前时，我莫名其妙地记住了那位少年的名字。我相信他有他的明天，也一定有许多喜欢他的人，我想走近他认识他，却又不想纠缠他打扰他。他以向日葵之名突兀在我柔软如锦缎的生命中。"白晓凉背到这里，舔了舔干燥的嘴唇说，"这应该就是夏阳那篇得分很高的作文的结尾吧。里面的少年，说的应该就是你吧。"

之后的日子骤然深沉下来。烦躁至极之时麻木地素描，间隙抬起手来看见手掌侧面是一片发亮的铅色，如同被各种色彩染过之后模糊斑斓。我在一幅静物写生的背后用粗糙的炭笔写道："我很愿意成为某一个人的向日葵。"但为什么是夏阳的呢。

但在这个无疾而终的问题得到解答之前，高三就像一片黑色的汪洋般吞没而来。刚上高三，美术生们便开始细细挑选要将要进修的地方。我也有厚厚一本，摊在大腿上，我触目惊心地翻开来，看见一大串名字和地点。我以前经常看见进修的地方会有大学生来写生，我默默告诉自己，我以后也要成为大学生，也要像他们一样到处写生。没有什么时候会像此时这般听见理想在胸腔里一点点伸展的声音了。而夏阳也常常翻着各种播音主持的资料，一遍遍读着某年的初试试题，直到喉咙深处迸发出剧烈的疼痛，趴在桌子上悄悄睡着了。

我在要去进修的前几天收拾书本。下午教室里只剩下几个值日生，夏阳躲在墙壁的一角朗读。我不知不觉之中发现那一幕的美好，于是我默默开口说："夏阳，其实你的声音挺好听的。"

夏阳转过头来对我笑，夕阳帮她罩起了一层薄薄的金纱，一根根发丝都被染成金黄。我和她最后离开，刚把门锁好，夏阳突然一下蹲在地下哭了起来，荷叶裙摆不像样地拖在了地上。我被她这般激烈的举动吓了一跳，我说："夏阳，你是有哪里不舒服吗？"

"陈勋杰……我没有考上播音主持专业，我父母也没有钱供我读那个专业。我决定复读了……"一颗豆大的眼泪从夏阳的脸颊流下狠狠地砸向地面。我呆站在那里，一只手伸过去紧紧将夏阳的手攥住。那一刻我觉得夏阳真傻，却傻得让人想流眼泪。

　　成长似乎给了我们什么非凡的意义。我蹲下来，满怀勇气地对着这个曾经让自己不理解的少女说："你真的要复读吗？如果真的要，就要好好加油。不要后悔。"

　　我多么想再帮夏阳画一幅向日葵，让阳光陪伴这位少女悄悄绽放。但一直到我去进修，都没有这个机会。直到后来我收到了夏阳的包裹，打开来一看，正是那幅上次被我撕成两半的画，夏阳用胶水小心地粘好，完好如初。画上金色闪耀的向日葵如同刚从晨曦之中苏醒过来，曲折向上的绿茎透露出执着。我知道，纵然是时光的力量，也无法抗拒年少的理想。而夏阳，也终会在这阳光下绽放。

向阳绽放的少女

如果流年曾追忆

冯　瑜

1

我独自走在熟悉的林荫路上，突然觉得十分茫然。

多少日夜就是在这里走过的，曾为亲手种下的小花的生长而欣喜若狂，曾为看着紫荆花飘落而展露笑颜，曾为虫嘶鸟鸣而欢呼雀跃……在流苏要离开的时候，这些曾经觉得十分平凡的时光，蒙上了一层层薄薄的伤感，如雾气一般，围绕在周围。

"我到底在想什么啊？！"我拍拍自己的脑袋。像陈流苏这样绝情的女子，有什么理由让我赵思欣如此不舍呢？

我清楚地听到心中委屈的声音。你带着自然而然的笑容退出我的生活的时候，没有对我有一点儿不舍或者半分思念，那么，我们一起走过的五百多个日落月升，又有什么意义呢？

2

陈流苏没有特意来告诉我她要离开。

有时候我会想，如果不是偶然地擦肩而过，她是否会沉默着退出我的世界？她告诉我这件事的时候，声音是一贯的温和，没有伤感，没有留恋，淡淡的，带着少许清新的味道："我要离开了哇……"尾音拉得很长，音节与南方初春潮湿的空气融合在一起。一阵微凉扫过我的心头。

"你要去哪里？"

"新校。"她说。依旧是淡漠而自然的调子。

"新校"是我们学校的另一个校区，前几年刚建成的，因此得名。与我现在所在校区相比，它远离市区，交通不太便利。师资是一样的，但毕竟落成不久，教学设备和校园环境都比这里好。

她要往一个更好的地方走去，而我，要留在这里独自思念，默默缅怀。

"哦……呃……那，挺好。"我一时竟然有点儿语无伦次。你离开的话，我怎么办呢？高一分文理，你是我唯一不舍的人，无论是因为我选文科你奔理科，还是因为你是我最好的朋友。我默默地想着，不言语。我要怎样告诉她这些呢？

"你有空就来看我咯，我等你。"说完，她从我身边走过。

"嗯，好。"我的回答在风中摇曳，最后与尘埃相伴。只希望她听到我的回答。我目送她的身影消失在视线里。没有"再见"的道别代表着不再见面呢，还是由于还会相见，"再见"成了一句徒劳的话语？我不知道。我没有把握我们能够再次见面，我们都是懒惰的人，都不肯跑这么远，而我又是"宁愿思念，也不想相见"的人。

3

赵书阳告诉我，陈流苏班上的同学为她开欢送会，问我去不去。我也不知道当时是怎么了，不假思索地一口回绝。

"为什么不去呢？你们俩这么要好。"

"家庭聚餐……我姐姐第一次带男生回家见家长哦！"其实"未

来姐夫"前几天就来过了。

他不再坚持。但是欢送会的第二天，他兴冲冲地跑来，把一份包装很差劲的礼物放在我桌上，说是陈流苏送给我的告别礼物。

"哦……"我微笑着，把它放进抽屉里。

"不打开来看看吗？"虽然是转交的，但当面拆开还是有几分不妥，他似乎也意识到了，连忙说，"不对不对……先猜猜是什么吧，我想你一定会喜欢的。"

"是精装版的《挪威的森林》。"我淡淡地说。

随后听到他意料之中的惊呼："你真神！你们真是心有灵犀！"

我埋着头，用自恋的声调说："那是必须的！"只希望他没有察觉我的不自然。

我当然知道。昨天没上晚自习的原因不仅是为了避开陈流苏的欢送会，还因为去了住在学校附近的一名老师家补数学。数学课下课的时间正好是我们学校放学时间，路过学校附近的书店时，我亲眼看到赵书阳拿着书从那里走出来……这么难看的包装——用学校订阅的日报给人家包礼物的人，大概只有他了吧。

4

高中最初的那段时光，是关于我们三个人的。

没有波澜的遇见与相知——似乎连提起的必要也没有。因为，每个人都不曾在意我们怎么玩到一块儿的，当我们发现我们从"同学"升级到"朋友"的时候，高一第一学期已经过去了一半。

我和陈流苏喜欢在放学的时候甩下赵书阳，两个人跑到附近的林荫小道像孩子那样疯玩一阵再各自回家。赵书阳对此投来鄙视的目光，用他的话说，就是两个装嫩的老女人。每次话音一落，都免不了遭受陈流苏一阵穷追猛打。

后来，分了文理，我和选理科的陈流苏开始疏远。

明明许下诺言，不在一起也要像当初那样相亲相爱的啊……我曾经小声地向赵书阳抱怨。他茫然地看看我，说："什么？"我没有重复，没听见不也挺好的吗？我想。

维系两人友谊的，除了偶尔一起出去吃晚饭然后回学校上晚自习外，恐怕只有夹在我们中间的赵书阳了。"静如处子，动若脱兔"这个短语用在他身上再合适不过。在大大咧咧的陈流苏面前，他是好动的"老男人"，可是，他又是可以用一整天时间和我待在一起看书的人。

陈流苏不喜欢看书，尤其是外国小说。我想这样的她，连村上春树是哪个国家的人都弄不清楚，怎么会知道我喜欢《挪威的森林》呢？也许是我多次提及吧？我自我安慰道。可是……我又分明记得，我曾经兴冲冲地晃着平装版的《挪威的森林》，告诉她我买到了喜欢的书籍。

家里已经有一本一样的书了。于是我连包装都没拆，直接把赵书阳以陈流苏之名送给我的"告别礼物"放进床底。

如果离开意味天各一方，再珍贵的礼物都不过是徒劳的摆设。

5

伴随着冷气团的南下，南方的冬天终于有了几分冷意，与此同时，我收到陈流苏离开以后唯一的一条短信。我不是善于表达的人，我不知道寻找什么话题，更重要的是，我总觉得……她把我忘了。

"下周六陈流苏生日，你送什么给她啊？"看来赵书阳也收到短信了。我想了想，转移了话题："你们一直有联络吗？"

"发过一些短信。"他说，"断断续续的。你知道的，虽然她回短信回得很慢，但认识的人，她每条必回。对了，她说她在新班级过得很好。"

"哦，那就好……"我说，"不送的话……你看可以不？我不喜欢给别人过生日，也不喜欢过自己的生日。因为不知道送什么礼物。"

"不是说不行……只是……"还没等他回答，我就转身匆忙离开了，只希望细心的他没有发现我的异样。

然而那天放学，赵书阳把我拦住。他直截了当地问我："你和流苏怎么了？"

"我们很好啊……"我说。如果曾经很好也算是很好的话。

"你们明明就有问题，为什么不能好好说出来呢？"

"你有没有遇见这样的情况——你曾经很在乎一个人，后来才发现那个人不值得你在乎，也许那个人心里住着一个你，但是她没有说出来，我又怎么知道呢？"

"是因为她那么淡然地离开吗？"他怒视着我，"赵思欣你真傻！难道你就因为她这样离开了我们，你就自个儿在这里生气吗？你真傻得可以！"

我很高兴他说完这番话就头也不回地跑开，否则他就会看到我委屈的泪水肆无忌惮地在地上开出晶莹的花。

但是他说得没错，我真的很傻。当我与时光一同老去，我才懂得回眸一季少年往事，可是太多的错过已经无法挽回。

6

每个故事都需要有一个或喜或悲的结局，但时光这玩意儿只是故事的前提和过程。

那天以后，赵书阳没有再在我面前提起陈流苏，我和他像什么事情也没有发生那样规规矩矩地过着我们的生活。陈流苏在另一个地方继续她的日子。我偶尔会想起她来。想起我们一起走过的林荫道，想起我们一起吃晚饭的小饭馆，想起我们一起笑一起疯的小日子。

不知道你过得怎么样了呢？我在一个地方思念你，明明拨打那串熟记于心的电话号码就可以听见你的声音，明明坐公交就能到达你所在的地方与你相见，但我只是默默地在我的角落里思念你和我们曾经的过往。

7

也许这个故事还应该有更多的内容才结束，比如陈流苏突然出现在我面前，给我一个大大的熊抱；比如赵书阳喜欢陈流苏；比如我和陈流苏在这座城市里来了一个偶遇……但现实是，什么也没有发生，我们就升上了高三。

对于我而言的的确确是什么也不曾发生，但事实并非如此。

8

我想我应该给这个故事画上一个句号。不管这个句号是否完美，然而我却没有那样的能力，我曾经希望毕业之前或者大学以后，我们未完的青春会添上一个完整的句号。但是，在我从忙碌中抬起头来仰望蔚蓝的苍穹时，我才真正明白赵书阳那句"你真傻"的意思。

有一张孤独的纸条夹在精装版的《挪威的森林》里，那是一个关于青春的承诺。但是，当我想再次寻回那份逝去的友谊，却发现它和那本还没拆开包装的礼物与床底下没用的废纸一起被扔掉了。

"她在纸条上给我写了什么？"我问赵书阳。说这些话的时候，我们大二了，赵书阳如愿去了北方一所工业大学，我留在本省读中文系，听说陈流苏前些日子去国外留学了。

"不知道……她把纸条折成心形，然后拜托我买一本你喜欢的书给你。但是我并不知道你家里已经有一本一样的书了。她只是千叮咛万嘱咐地告诉我，在她生日那天，把你带来。要不你打电话问她吧？"

"不用了。"我说。

已经没有意义了。有些东西早已和"过去"一起成了过去。只是随着年龄的增长方才明白，尽管我读了很多书，却没有她的那份豁达与明智，当年她用那样的方式道别是因为她懂得我现在才知晓的微妙。

我本来以为离开便是最后的终结，因为一旦离去，友谊就会如同羽毛一般轻盈；没有重量的感情，又怎能让心灵踏实呢？当曾经的好友成为今日的陌生人，这样的难受何以承受？

可是，我错了。那段短短的相识相知相亲相爱的小时光，若在岁月里沉淀，便会与岁月相融。那么，曾经的你我就会在记忆里定格，成为青春里最美好的小孩儿。

海洋馆爱情故事

赫 乔

1

陆玖月第一次到海洋馆，她和朋友坐在高高的后台，看见海豚训练师在遥远的水池边上，扬起左手，海豚拍着水浪跃起来。海豚训练师纵身跃入水中，海豚追在后面，人豚一体的感觉。他上了岸，海豚在身后叫起来，像是哭声，他向观众席深深地鞠躬。陆玖月看得呆掉了，整场观众开始欢呼，她还默不作声地看着他，看他在水里，跳起炫目的拉丁，而海豚就在他的对面旋转。

"怎么样，被他迷死了吧？"朋友推她一把。

陆玖月回过身，捏紧手里的表演节目单，压轴的位置是海豚的名字"可可"和训练师的名字"钟名"，就是正在水里绽开一片片涟漪的他们。

钟名和可可，陆玖月想，他们融在一起了，好像是一场恋爱。陆玖月暗自笑自己太喜欢臆测，但是这样的精彩，一定要很多心血倾注在里面才行。

散场后很久，陆玖月缩在后台外出口处的角落里，终于看到几个比她大不了多少的男孩子出来，陆玖月跑过去说："我找钟名。"他们莫名地看着她，直到她晃了晃手中的学生记者证。一个黄头发的男孩子对身后的人说："阿名，你要出名了，可别忘了我们啊。"

后面的男生淡淡地笑，陆玖月看着他。面容清朗，一点点刻进视线里。他问："你要采访是吗？"陆玖月点点头，说："对面有家咖啡厅，我们过去坐一下可以吧。"

午后的阳光突然变得没那么刺眼，陆玖月紫外线过敏，她的伞躺在挎包里，她跟自己说，就这么几步路，扬起下巴来，你忍着点儿。

2

钟名快要忘了是怎么突然开始又迅速结束的一段恋情，陆玖月就像一阵风，来了就走掉了。不，他看着茶杯里的柠檬片摇摇摆摆着，陆玖月就像一枚糖果，含了化了，就没了。

和陆玖月交往的那些天，他突然尝到了初恋的味道。初恋是中专时同年级的一个女孩子，清纯又带一点儿骄傲，很平白无故地让他给她画素描。他们在画室里安静地对视，窗户开着，挂着的贝壳风铃叮叮咚咚地响个没完。陆玖月不说话的时候还好，一笑起来就让他想到连串的风铃声，他就会忍不住想要吻她。

只是每次他带陆玖月来海洋馆的时候，她都会盯着可可怔在那里发很久的呆，有时候会自言自语一些话，也有时候会跑到池塘边上摆起手臂呼啦啦地做一些傻里傻气的动作。钟名把她拉回到长椅上，跟她说，海豚都是经过训练的，只对固定的姿势有感应。比如说，他站起来，冲着可可前后晃动着手臂，可可猛地扎进池子底部，又哗地跃出水面，划出一条灿烂的弧线。钟名给玖月拍拍身上被溅上的水，带她去看白鲸。

陆玖月的目光还黏在可可身上，钟名想这样也好，自己喜欢的女孩子也喜欢和自己一起演出的海豚可可，多么和谐的铁三角。

他这么和玖月说的时候，他们坐在料理店里，玖月插起一块寿司送进嘴里，嘟嘟囔囔地说，铁是会生锈的。他哈哈地笑起来，看玖月把肉松和鳗鱼吃得到处都是，他拿起纸巾给她擦嘴，料理店灯光温馨得恰到好处，钟名想如果可以这么一直温柔下去，时光该多美好。

3

陆玖月在中专一年级的假期去了趟南京，她站在秦淮河的岸上，站到西斜的淡红色日光开始笼罩整个世界，她看见两岸的灯火悉数亮起，她在那里留给十九岁的自己，一个安静的秘密。

回来之后，钟名给她补过生日，他们跑到海边去。钟名像小孩子一样坐在那里堆沙子，玖月则抱着单反咔嚓咔嚓地拍照。玖月很喜欢看着他，就只是看着他。那个下午，钟名对着大海喊："陆玖月，我喜欢你。"一个小小的浪头拍灭了他插在沙堡蛋糕上的蜡烛，钟名没有注意到，但是陆玖月看到了，就好像一点点希望的烛光被掐掉。所以钟名自然也没有注意到，那天玖月的明丽笑容里，深深的落寞。

陆玖月最近抱着电脑上网的时间比平时多了很多，同宿舍的闺密凑过来，"是不是在和钟名聊天啊？"玖月摇摇头，没有太多微笑。"哦，原来是找海豚的资料，那还是和钟名有关系的嘛，我看好你们哟。"玖月支起下巴看墙上淡蓝色的海豚小挂坠，觉得自己一会儿看见钟名，一会儿看见可可。

081

4

冬天的一次表演，钟名出了事故。他跃入水中，可可跟了过来，他们本该人豚合一，但可可没有跟在后面，反而整个躯体围住钟名，他太久喘不过气，呛进一口水窒息了过去。醒过来的时候看见自己在更衣室里，同队的盛辉刚给他做完人工呼吸，他说："教练今天很不开心，毕竟今天几万的观众在场，毕竟你是他很得意的弟子。"盛辉没有说钟名是教练最得意的弟子，因为从今天开始不会再是了。

钟名环膝而坐，摇摇头，"我也不知道怎么了，可可今天发挥失常。"他抬起头，"会不会是给她吃什么奇怪的东西了？不会吧，饮食什么的都是专人负责。"钟名低下头，可能也是自己哪一个指令做得不够到位，可能真的是自己的问题吧。

盛辉起身拍拍他的肩膀，"别太放在心上，对了，刚才你女朋友来过，貌似刚才也在看台上。"钟名愣了一下，怎么玖月也看到了自己的失误甚至失败。他去翻自己的外套，看到手机上没有短信，也没有未接来电。钟名突然觉得自己像个拿不到糖果的小孩子，有一点点敏感，而这点儿敏感，在接下来的时光里曲折回环但还是走向了现实。

5

差不多就是那之后的第三天，钟名在报纸上看到了躺在岸上湿淋淋的自己，像一只落水犬，而右下角清晰地印着：摄影陆玖月。朋友围上来看这张照片，说钟名女朋友也太不给面子了，这下丢人丢大发了。他们说，怎么会刚好那么巧就出了事，刚好那么巧她就在看台，刚好那么巧她就职业性地带了相机过来。

钟名知道他们什么意思，但是陆玖月不是个会为求新闻就在他身上做手脚的姑娘，尽管表演的前一天，他确实带她到池边看过可可。尽管昨天陆玖月轻描淡写地说这几天在报社暑假实习呢。

直到晚上，他们在海洋馆对面的咖啡馆里，谁都没有提起这件事，但是玖月轻轻地说了另一件事。她说："钟名，我们分手吧。"

钟名端起咖啡杯的手僵在半空中，他不可思议地望着陆玖月，突然发现一切都变得遥远而模糊，陆玖月拽起挎包，转身干脆利落地走掉。钟名放下咖啡，放下僵硬的身体，突然发现自己哭了。然后，整个人都湿透了，就像那一天，在水底无力挣扎。

他追出门去，他追上陆玖月，玖月躲避着他的目光，她说："我没有喜欢过你，真的。"还有什么话可以比这一句更彻底。钟名看见他们之间隔出十步，一百步，两百步，渐渐看不到了。

6

陆玖月对自己说："不能回头，回一次你就完了。"寒假的时候，她回了一次东北，这里的雪下得实实在在，她坐在已经生了锈的秋千上，听吱吱嘎嘎的声音，忽远忽近。铁是会生锈的，她记得自己这么说过。

遇见可可的第一天，她看见可可的眼睛，干净得好像海洋，但分明说着："我爱钟名。"可可对她说："你离钟名远一点儿。"

那些天，她每次来到海洋馆都会和可可说话，她用唇语用手势用各种方式，她知道可可听得懂，她不顾一切地告诉可可："我就是喜欢钟名。"

直到可可说："我和钟名能够出类拔萃，就是因为相爱，你这样会害了钟名的。"

陆玖月在网上查过，海豚的智商很高，并且拥有情感。但她还是以为一切都是自己的臆想，海豚怎么可能和人交流，怎么能够与人相爱，怎么能够跟人争风吃醋。直到第二天，她在看台上，看到钟名和可可，在水里。水花不断翻上来，但没有钟名的影子，直到盛辉扎进水中。旁边同来的记者小曼拿过玖月手中的相机，拍下那个瞬间。

陆玖月跑到更衣室去看钟名，看到他安静地躺在那里，像是整个灵魂都被吸走了。她没和任何人打招呼，慢慢地退出来，她跑到水池边去看可可，可可在转着圈，她能听到可可在说："你看，我说过的吧。"

玖月蹲下来，对可可说："你知道吗，我和你的不一样，可能是如果你爱，就是爱；不爱，就是不爱。但是我，却可以假装不爱，事实是因为更爱，而这，你根本就不明白。"

　　她站起身开始走，走出海洋馆，走进落日，走入星光。

当时针倒转，我们都还是小时候

红 薯

哥哥，是那段遥不可及的神话

我从小住在一家公司的公寓楼里。楼上楼下的叔叔阿姨要么是外公外婆的同事，要么就是爸爸妈妈的朋友，所以谁家有几口人，有几个年龄相仿的小孩儿，有没有养一些小狗小猫小乌龟我是一清二楚。熟悉的环境让年幼的我产生一种"我是统治者"的优越感。我常常对着一群叽叽喳喳闹不停的小丫头小小子们指手画脚，一会命令二狗子给我捡几块大瓦片来，转过头又命令三愣子马上从滑板上下来让给我玩……

有句话是怎么说来着："道高一尺魔高一丈。"对于自封为王的我也会流着口水含着手指头穿着拖鞋"啪嗒啪嗒"跟着一个人屁股后面转。对，那人就是我哥。

我哥比我大了四岁。虽然如今我对他嗤之以鼻跷着二郎腿评价他是"书呆子一个"，但小时候我却认为哥哥是世界上最了不起的人。他会在我玩"打圆卡"把卡输光了的时候，仅拿一张圆卡就把那群尾巴都乐上天的小子们手里的圆卡全赢回我的口袋里，还会给我捡回啤酒瓶盖用锤子砸平了用胶布封在圆卡中做出一张被称为"战神"的王牌，也会摇头晃脑地完整背出"九九乘法表"……这样的哥哥啊，在我幼小的心灵里那简直是神!

每当从幼儿园放学后,我总是跑到旁边的小学里,在哥哥的教室门外蹲着等他放学。等啊等,等到我把幼儿园老师教的歌都唱了几遍了,等到我拿出书包里美少女图画书从头到尾翻看几次了,哥哥才背着书包从教室里出来,拉着我的小手回家。我总是抱怨回家太晚。一次,哥哥干脆决定蹚河回去来节省时间。哥哥背着我,让我提着他的鞋和书包,斜斜下了河。

记忆中那天下午河里的水鸟很多,我趴在哥哥背上唱外婆教的歌谣:"白鹤白鹤乌脚脚,背上背个火烧馍,喊你拿给我吃个,不给打你脑壳壳……"我们一边玩着水一边慢慢走回家。

等我们到家的时候,太阳已经下山了。我和哥哥湿淋淋地站在怒气冲冲的外婆面前,外婆转身抄起棍子就要打我们。和往常一样,哥哥挡在我面前揽下了所有的错,而我只是躲在他后面抹着眼泪鼻涕放声大哭要多凄惨有多凄惨。在我哭的时候我还不忘偷偷抬头看了看哥哥挨打的样子,心里想着就算是挨打哥哥都好帅好帅。

外婆的菜肴,是最温暖的幸福

到了吃饭的时间,家家户户都会敞开门,阿姨阿婆大婶都会站在门口扯着嗓子很有节奏地喊:"大柱——子!回来吃饭——""二狗——子!你是要饿死在外头咯——"但是这些喊声对于在外边疯跑的野孩子们来说是听不到的。但外婆的声音那是声压群芳中气十足。她站在四楼的阳台上,亮开嗓门儿:"力娃子——啊!蓝娃子——啊!回来吃饭了——"无论我和哥哥在外面疯成什么样,总能听见外婆那强悍的女高音,然后跑到旁边的回收站借水龙头抹一把花猫一样的脸,抖着裤子上的灰尘扯嗓子回答:"哎——回来了——"

家里早有热腾腾的饭菜等着我们。我和哥哥在外婆的催促下洗了手就上桌了。菜不多,但有一样是我和哥哥的最爱——红豆腐。这是四川人家里自己腌制的一道菜。将豆腐做成豆腐乳后再在外边裹上厚厚一层辣椒粉，用青菜叶子包好腌制几天，让辣味渗进豆腐每一个地方，红红的，辣得人直打喷嚏。

而我和哥哥认为红豆腐最好吃的地方就是豆腐最里边的部分。每当外婆把一两块亲手腌制好的红豆腐放在小碟子里端上来的时候，我和哥哥就会用筷子很有节奏地敲击桌面齐声喊："吃心心！吃心心！"外婆会用筷子把豆腐拨开，夹给我们俩，笑着叫我们安静，说："还吃星星咧，月亮吃不吃？"

外婆的手艺很好，包的包子和花卷最好吃。外婆总是把蜂窝煤炉子的火候掌握得很好，每次出笼的包子花卷都特别香。外婆总是一手一个包子递给早就守在阳台门口的我和哥哥，唱着民歌，看我们吃得香甜。

外婆会做很多好吃的。大酥肉、水馍馍、香肠、腊肉、干鸡、干鱼、卤肉等等，都会让儿时的我大饱口福，以至于让我回忆起的小时候，都是弥漫着食物香气的幸福味道。

外公的茶香，是严厉的慈祥

外公也算是我们这里为数不多的知识分子。他上过几年私塾，又会学着外边的人说几句自认为很标准的普通话，也会那张"九九乘法表"。他也是这里把"学文化"看得最重的老人。

外公常常给我和哥哥读故事书听，而且用的是"川普"。我和哥哥就是这样趴在外公的膝盖上听着一个个生动的故事。小时候我的记忆力又特别好，听大人说，那时候外公讲一两遍故事我就能背下来，三岁就会背六十首唐诗，而且是用"普通话"，说这一切都归功于外公呢。外公高兴得不得了，说阿蓝长大是要考大学的呢，阿蓝要当大学生的呢。然后品着他的老鹰茶独自乐呵。

每次我看到外公喝茶都要闹着说我也要喝。我总是说"外公的茶最好喝"，然后抱着茶缸咕嘟咕嘟喝光。外公每天都会泡"外公的茶"给我喝，让小小的家浮着一层淡淡的茶香。直到现在，每次回外公家，外公都会捧着茶缸说："蓝娃渴不？来喝口'外公的茶'。"

外公最看重学习，在哥哥的书房中就挂着一个小棍子。外公称它为"家法"。每当我们不认真读书的时候，外公就气得发抖，手也抖得厉害，拿起小棍子就要往身上抽。外公总是严厉地给我和哥哥说："你们要认真读书嘛，将来考大学，当科学家。"于是我和哥哥就认真读书，逢人便说外公说要考大学当科学家，乐得家里的亲戚都笑得花枝乱颤。

前段日子去看外公，发现放"家法"位置上的小棍子不见了。询问外公，外公乐呵呵地说："你们长大了嘛——力娃呀，都考上大学了嘛——"然后又对我说："蓝娃要认真读书——像你哥哥那样考大学。"

外公说话还和当年一样严厉呢。

时针回转，记忆定格在叫作幸福的地方

那一年，哥哥以585分的优异成绩考上重本，去了大城市读大学。外公外婆自豪地参加了哥哥的大学宴席，不停地给别人说："哎呀那是我孙子！""我孙儿呀，最聪明了！"然后还揽着我的肩头一起夸："蓝娃呀也很聪明呢……将来肯定和她哥哥一样……"

酒席的菜很丰盛，但是我突然觉得没胃口。不知怎么的，突然想念起和哥哥一人吃一半的红豆腐。我转过头去问服务员有茶吗，服务员一愣，奇怪地看了我一眼说："没有，小妹妹你要可乐不？"

突然在那一刻觉得，我那充满乐趣与幸福的童年生活好像结束了。

回家后，外婆躺在椅子上，沉默半天说："这力娃也出去读书了……家里突然少一个人，觉得空荡了呢……"

外公和我都沉默着没有说话。好安静啊，静得都能听见墙上挂钟"唰唰"走过的声音。

我突然抱住外婆，轻轻呢喃：

外婆，我的回忆里，满满的都是幸福呢。

曲 调 有 情

荒芜痕

1

那是一个挺闷热的午后，天上没有一片云，没有一点儿风，整座城池仿佛被放进蒸笼里，整个世界好像只剩下热浪涌动。我摸了一下烫手的头发，小心翼翼地把它们捋顺了垂在额前，终于鼓起全部的勇气，握紧拳头走进了街道对面的那家琴行。

空调轻轻地吹在身上，那股炎热便犹如从身体之上剥离而去一般，只余丝丝凉爽，让人有种里外两重天的奇异感觉。我静静享受着这份薄凉，想装成行家般轻描淡写地打量一下四周，却被浓厚的艺术氛围惊艳了一把——房间里许多我认识的或不认识的乐器都像珍宝一样十分优雅地站在属于自己的位置，不管是哪一件都散发着属于自己的独特气息。他们琳琅满目地落在我眼里，我一开口就暴露了自己没见过世面的事实："太艺术了！"

店主是一个很年轻的男生，穿着白色T恤剪着干净的短发，一点儿也不像电视里邋遢的艺术男，反而很干净很阳光的样子，我一见就喜欢到不行。美中不足的是，他戴着一副墨镜并拿着一柄红色的小长伞。他闻讯而来，在抬起头的瞬间一个趔趄差点儿摔倒，好在及时地抓住了旁边的桌角，勉强支撑着起来。

意识到他是位盲人，我连忙上前搀着他，想引他避过房间中央那架看起来高贵深沉的黑色钢琴。触碰到他胳膊的那一刹那，我明显感受到他的身体僵硬了一下，过了好半天才恢复过来，咧出一个笑容，他说："这里好歹也是我的地盘，别那么紧张嘛！对了，你需要什么？"

我想起电视里那些残障人士，似乎并不太喜欢别人帮忙，于是立马触电般松开了他的胳膊，尴尬地笑了笑。我把垂在的额前那一大把碎碎的刘海儿捋到耳朵后边，我说，我想学二胡。

是的，二胡，这种光听名字就已经让人觉得老气横秋的乐器。我听过它的声音，婉转悠扬，如泣如诉。我想，如果有一种乐器可以承载疼痛的重量，可以寄托很多感伤，那么一定是二胡了。

男生"盯"着我沉默不语，好像在思考什么，奇怪的是，在他这样的"注视"下，我竟然有一种被看透了的感觉，于是又慌乱地把刘海儿散下来，让它们好像屏障般遮挡着我不愿暴露的秘密。好一阵子后，他似乎终于做出决定，转身踮起脚从墙上取下了那把栗色木吉他，很随意地拿在手里拨弄了两三下，动作一气呵成，没有一丝拖泥带水的味道。他说："二胡不适合你，像你这种花季少女还是学学吉他吧！给你打五折免学费怎么样？"

也许是吉他低沉清冽的声音打动了我，也许是他开的条件足够诱人，鬼使神差的，我就这么答应了。

2

我最喜欢清晨到"曲调有情"去，因为我喜欢看阳光透过落地窗洒在地板上的样子。每次英语早自习我都逃课，坐在地板上为还裹着睡袍的孙浩描述阳光的样子。这个时刻的太阳远没有中午的毒辣，它是温柔的，和煦的，给人很亲切的感觉。

孙浩就是店主，二十七岁，从小深谙音律，最大的梦想就是背着一把吉他浪迹天涯。"最好在路上碰到一个志趣相投的好姑娘，然后一起笑傲江湖。"孙浩一边说着，一边哈哈大笑，在阳光下的照耀下，他俨然也成了一个发光体，散发出金色的光晕。

"可是后来竟然失明了，虽然比贝多芬运气好点儿，但去江湖上闯是肯定不行的了。"孙浩惋惜地说，可是我听着却有种云淡风轻的感觉，一点儿悲哀的味道都没有。我看着他自信又洒脱的样子，既羡慕又失落。我知道，他不完全是遗憾的，因为他至少找到了那个姑娘，虽然不能去飘荡，但守着静好岁月也是不错的。孙浩对他现在的生活很满意，每次说起他那个温柔漂亮而且贤惠的女朋友就满脸堆笑，好像全世界最幸福的那个家伙就是他了。

我看着他得意的样子，心里止不住地抽搐。

我说我叫陆子晗，高中生，因为不远之后的国庆晚会被安排"必须拿出一个节目"，不得不来拜师学艺。孙浩就问："为什么必须拿出一个节目？"我耸耸肩，"我一不小心成了文娱部部长，而且还是光杆司令，不拿出点儿本事恐怕招不到兵了。"

我端起水杯仰首痛饮，一大口清凉的液体灌入胸口，内心的慌张被冷水掩盖下去。孙浩似乎为我的谎言折服："哇呀，不得了了，原来是部长小姐大驾光临，失敬失敬……"

我撇了撇嘴，懒得听他废话。

直到后来我才知道，孙浩对我的倾囊相授和我因为小虚荣撒的谎，其实根本没有半点儿关系。

孙浩对我专翘英语课的行为很是不满，最开始还好脾气地劝我要好好学英语，不然英文歌就没法唱了，后来就只摆着臭脸，一句话也不说。我也不理他，自顾自地边弹边唱。然后孙浩的脸就更黑了，看着他像极了电影里耍酷的大佬的样子，我趴在地板上笑得肚子都要痛起来。

其实我专逃英语课，除了一点儿也不喜欢那个漂亮的英语老师，也因为她实在太懒了，连名都不点。我逃了这么多次课，至少在目前为止还一次都没被班主任发现过。

孙浩说我这是典型的欺软怕硬，我不以为耻反以为荣："谁不知道柿子要挑软的捏？"孙浩拿我没办法，只好抢过吉他拨弄起来，我弹得支离破碎的曲子立马在他指尖下变得悦耳动人。我就支着下巴静静地看他纤长的五指在吉他上拨弄，阳光洒满房间，在金色的光辉下连日子也变得美好起来。

我开始有空没空就往"曲调有情"跑，孙浩差点儿被我感动得热泪盈眶："你还真是热爱音乐呀！"

我打着哈哈，那是那是！

是吗？不，我不止不爱音乐，也不爱二胡吉他，更不爱透着朦胧美的英文歌曲……我想我什么也不爱，只是有些东西，实在没有勇气面对，只好试着逃避。

3

我没想到我只不过学了个吉他，就打破了我"像变色龙隐匿在环境里"的计划，成为班上的风云人物。

开始有女生来问我："'曲调有情'店主是不是很帅啊？""听说他脾气好好，是不是真的？"还有花痴一点儿的，直接把情书塞我手里，用我从没享受过的温柔语气说："亲，帮我把这个给他一下，说不定以后我还要做你师娘哦！"……鸡皮疙瘩抖落一地。

最后是班长找到我："听说你会吉他？要不你加入我们班的乐队，代表我们班参加国庆晚会怎么样？"

谎话竟然成真了……一半。

我是毫不犹豫地就答应了，虽然那些个乐队成员有点儿不屑的样子，虽然乐队的教练是我最讨厌的英语老师。

英语老师也顺便教音乐，她被公认为我们学校最漂亮的老师，并且多才多艺，并且还亲切和善。可是我却不喜欢她，我承认我这是嫉妒。

我嫉妒过很多女孩儿，她们有的长得很漂亮，深得男生们的喜欢；有的成绩优异，在老师家长眼里就是一块宝贝；有的多才多艺，会在大家冷场的时候高歌一曲；还有的活泼大方，和谁都可以称兄道弟……还有很多很多，可是，英语老师Kitty却是她们所有人的集合体。

像这种大家优点的交集，我本来是没有资格嫉妒的，也许我也应该像别人一样喜欢她，可是我却做不到。

第一次见到Kitty的时候，她穿着一条红色连衣裙，像一朵骄傲的凤凰花站在讲台上落落大方地做着自我介绍。她的声音很好听，我被包裹在这样柔软的声线里，逐渐逐渐变成一只蝉蛹，而Kitty却以一种霸道的方式让还没有成形的我破茧而出。

我没想到第一次在英语课上开小差的样子落在了她的眼里，她秀手一抬，让我起来做自我介绍的时候我还在发呆，以至于同桌十分不情愿地碰撞我胳膊时还被吓了一跳，站起来更是吞吞吐吐不知所云。在班上同学的哄笑中，我低着头恨不得找到一条缝钻进去。

第二天我就拿着攒的那一小笔钱逃课，从此加入了浩大的逃课大军。

孙浩准确无误地戳了一下我的脑门儿，"你这种人啊，真的是幼稚死了你，竟然因为不喜欢老师就不上课，那假如你讨厌食堂的阿姨以后就可以不吃饭了？"

孙浩说话总是让我想起Kitty，因为她也总是骄傲地说："不喜欢我没关系，反正我最多在你眼里当两三年的沙子，不喜欢学习那就糟糕了，因为这是真正可以影响你一生的东西。"

我想，也许他们是对的，只是迟到的叛逆因子发作起来，我控制不了自己的心，也不想控制。

4

Kitty在课堂上对同学们很宽松，对乐队成员反而严格到不行。在课堂上只要你及格，不管你怎么疯都没关系。但在乐队里假如同一个音节弹错两次，那你就完蛋了，别看她平时温婉有仪的样子，刻薄起来也是不饶人的。

在排练的时候除了我，几乎每个人都有被骂得狗血淋头的经历，而我得益于孙浩同样严格得近乎苛刻的训练，表现稍微好一些。尽管如此，她还是鼓着眼睛瞪我："陆子晗你唱的是歌还是经啊？唱歌是要投入感情的，你到底会不会唱啊，你不会就告诉我好让我早点儿换人啊你！"

假如是以前的话我一定会豪气罢演——不就是一次表演，老娘还不稀罕呢！可是我想起孙浩这个负责的老师教我舞台技巧时的尴尬我就忍了。毕竟，能只欺骗一半总比全部说谎的好。而且我也知道她不是故意给我难看，孙浩也说："唱歌，最重要的就是能感动人，假如你连自己都感动不了，那也没什么唱头了。"

我一直都以为唱歌是一件很个人的事，照着歌词逐字逐句地唱出来就好了。可是不管是孙浩还是Kitty都用他们的态度告诉我——唱歌，是一件很严肃的事情。后来的我脱胎换骨，破茧成蝶，偶然回首时才明白，如果不是两人一扬一抑地悉心鞭策，我想我将永远只是一个敏感自卑、胆小怯懦的女孩儿，一辈子沉浸在那次覆灭性的伤害中，无可自拔。

我把这些告诉给孙浩，孙浩笑着说："看来你们这个Kitty老师也是行家啊，能教给你这些东西的绝对不是坏人，你还是多多听她讲课，别给她惹麻烦吧！"

孙浩对我的逃课行为已经不能用"不满"来形容了，简直是达到了深恶痛绝的地步。我撇着嘴，"怎么能说是我给她惹麻烦呢，她看不到我心情都要好很多。"

孙浩又戳我脑袋，"你以为你班主任真的从来没有发现过？"

这个时候我本来应该倔强地反驳的，可是脑子不知道抽什么风，突然很想看看这张在我面前招摇了一两个月的脸，突然很想知道墨镜后面的双眸，是否和Kitty一样，如星光般璀璨。我一把把孙浩的墨镜扯了下来，正想得意一会儿才发现，孙浩这次真的生气了，一只胳膊捂着双眼，另一只伸到我面前，语气是前所未有的漠然："拿来！"

我被孙浩这冰冷的命令吓到了，只好把墨镜塞到他手里，沉默着看他背过身戴上。

也许我是应该理解孙浩的，每个人都有不愿示人的秘密，就像如果可以我也一定会让我最不想让人看见的东西成为秘密永远烂在我的心里。可是我还是好久没有敢再去"曲调有情"，那里似乎有一样东西，会在我残留的自尊上一刀一刀狠狠地划下，然后彻底破碎。

国庆一天一天逼近，我们每天在Kitty借来的房子里排练，虽然大部分东西孙浩都已经教给我，可我还是很认真地听着。Kitty的语气中透出一丝怅然："假如你英语课也这么认真就好了，肯定不止考这么一点儿分的。"

我不知道她这算不算夸我，可是乐队里却是怨声载道，有人甚至毫不留情地说："我们原来的主唱明明好好的，为什么要换成这个这也不行那也不行的麻烦精啊？还得为了她把我们名字都换了，真是的！"

我愣了一下，还没等我反应过来Kitty就为我辩解："'曲调有情'，这是个好名字，名字也可以为咱们加分的哦！"

队员们都沉默不语，沉默里似乎也算认可了我和我带来的名字。

5

我坐在化妆室的镜子前，第一次认认真真地审视我左脸上的一大块疤痕，在岁月的冲洗下，它似乎变淡了许多，不再如从前那般狰狞吓人。

耳边响起一些怨毒的声音："她也不照照镜子看看自己配不配！""记得把粉底抹厚点儿，吓死人了可不好！"我想，其实还是难看的吧。

忘了说，那些人给我的巧克力我给了孙浩，可是孙浩又送给了我。还有信，我没有告诉她们孙浩失明的事，也因为觉得不礼貌就没有念给孙浩听。在一次扔进垃圾桶被抓到现形后，关于我喜欢孙浩，想要搞师徒恋的流言就这样传开了。

　　"就她那样，要换我早就待在家里面壁思过了，还敢出来使坏。"

　　我没有理她们。

　　不记得是怎样的背景怎样的话题里，孙浩发出一个冗长的叹息："有时候，正是因为看不到，才能分清美和丑。"

　　她们看多了，也糊涂了。

　　我一向不喜欢的Kitty反而一边帮我把头发扎得高高的一边安慰我："我听说，脸上有疤的人都是因为太完美了，所以上帝要在她脸上亲一口，可能他力气大了点儿，你别怪他啊！"

　　我突然想起那天，她穿着那条我喜欢了很久的裙子，把我叫到办公室。她的手轻轻掠过我的左脸，有一点点轻微的颤抖。她说："其实没关系的，做个激光祛疤手术也要不了多少钱。"我把头轻轻别开，有阳光透过窗外的玉兰树打在地板上，斑驳陆离。

　　其实那个时候的她是好心安慰我，让我不要因此而自卑绝望的吧，可是习惯使然，我硬生生地把它翻译为冷嘲热讽的一种。

　　我冲她舒展了一个大大的笑容，其中还有一种衍生出来的东西，叫作自信。我带着这个笑容登上了舞台。

　　这是我仰望了许久的舞台，当我终于站在上面，内心反而变得很平静。孙浩说，唱歌，最重要的就是有情，想当年白居易就被一个"未成曲调先有情"的歌女感动得泪湿青衫，成就一段千古佳话。

　　于是我就用我全部的真情，唱我最想唱的歌：

　　　　我就是我，是颜色不一样的烟火
　　　　天空海阔，要做最坚强的泡沫

我喜欢我，蔷薇开出一种结果

孤独的沙漠里，一样盛放得赤裸裸

……

我忘了一切，雷鸣般的掌声，充满疑惑的眼神，熟悉的唏嘘……我只记得孙浩的那番话："音乐是公平的，它的认可不因为你的容貌，你的金钱，你的地位，它只为你曲弹得好、歌唱得好而喝彩鼓掌。"

6

表演结束后我拒绝了参加庆功宴，连妆都没有卸就跑去找孙浩，我要告诉他表演很成功，我要大声地对他说谢谢，谢谢他在我绝望时最伟大最难忘的救赎。

在华灯初上的街道上看到孙浩，他背着一把木吉他，穿着白色T恤，剪着干净的短发，和我美丽的英语老师站在一起，就像他说的那样："在路上遇到一个志同道合的姑娘，然后一起笑傲江湖。"

迷人的霓虹灯下，他们的脸上写满了措手不及的慌乱。隔着车水马龙的街道，隔着十九秒的红灯，我冲他们舒展了一个大大的微笑。有很多人说欺骗是世界上最可憎的东西，怎么会呢？有人欺骗有人救赎，比被遗忘在角落遗忘在背景里，要好太多太多！

这是我第一次看见那双一直隐匿在墨镜后的眼睛，它们，灿若星辰。

让所有好看的草莓地久天长

颉妮妮

陆小曼的固执总是让人无法忍受。

比如现在她从教室一路跟到学校后门，再跟着我穿过学校后面的小树林，来到小树林后面的一条铁路。我看着她在雨后泥泞的小路上提着裙子艰难地向我走来，睁大一双眼睛死死盯着我，就像下一秒就会跟丢了我一样。

我自然不会让她跟着我的，起身轻轻一跃，便轻松跳过了那根白红相间的安全围栏，然后潇洒地穿过铁轨。火车的声音越来越大，我知道陆小曼肯定不会跟着来，她是好学生，好学生肯定都知道"生命诚可贵"这句话的意思。

我回头看着陆小曼着急地大声叫着我："程洛洛，你赶快回来，老师说了让我监督着你不准逃课。"我习惯性地朝她笑笑，带着一点儿嘲讽和轻蔑，然后头也不回地走了。紧接而来的是火车呼啸而过的巨大声音，轰隆轰隆，盖过了她后面说的话。

车厢带过一阵青草的气味，我长呼出一口气，从书包拿出了那张刚发的英语卷纸，狠狠地扔在了地上。想想又觉得不够，我又补上了几脚才离开，十六岁的我对于英语这门学科的厌恶程度就像陆小曼的固执程度一样。我看着那张被风吹得凌乱的卷纸，心情也跟着烦躁起来。

人生中的很多事情，真是让人抓破脑袋也想不明白，为什么有的人就可以把学习看得比什么都重要，每天拼了命不分昼夜地刻苦奋战。我也实在不理解，整天面对那些枯燥乏味的函数和英语字母，这些好学生是怎么充满兴趣去拼命学习的。

当然，我对于这类奇葩好学生并不是全都讨厌的，这些好学生里除了有陆小曼，还有，蒋健。

长长的火车奔驰了很久，身后陆小曼早已气得离开，我看着她背影渐渐消失的那条小路，突然不知所措起来。果然真的是没有人会关心在乎我了，就连平日里看起来很要好的朋友也不例外。

我突然有点儿想念蒋健了。

我望向四周空旷无人的荒地，黯然神伤。再回头，我的心里就像这片长满杂草的土地一样，万籁俱寂。

其实，我是希望蒋健可以一路找着我而来的，哪怕仅仅只是因为担心一个女生的安危，可惜他没有。

我想肯定是因为对于很多我认为的另类学霸来说，我才是他们眼中的奇葩。

我不是循规蹈矩的好学生，和老师同学眼里的优等生蒋健有着天壤之别，每次他和陆小曼激烈地讨论着数学题的时候，我只能在旁边看着他们，无聊地涂着指甲油，可是这一点儿也不妨碍我喜欢蒋健。

如果不是蒋健，我想包括我自己都费解，我能和好学生陆小曼成为好朋友。

这件事得从很久以前某天的学校乐器比赛说起。彼时，我还没有因为想靠近蒋健而和陆小曼成为好朋友。

其实当天我并没有参加比赛，琴棋书画是不属于程洛洛的。但我却带了家里的宝贝古董吉他——"老爷"，仅仅只是为了拿给蒋健，让他旗开得胜。为此，我还下了一番功夫，买通了他的室友，让他的吉他出了一点儿问题，然后我的出现刚好可以"美救英雄"。

世界上总有一种残忍叫作事与愿违，当我傻呵呵地搬出"老爷"

后，陆小曼不知从哪里冒出来，扎着长长的马尾，尖叫着问我："洛洛，你的吉他好特别，看着年代好久远，音质肯定特别好，你不是没有比赛嘛，可以借给我吗？"

"不行，这是我专门拿给蒋健的，你不能用。"

"洛洛不要小气嘛，我可以给他用我新买的电贝司。"

我无奈地看着她，本还想大叫一句："还是不行。"还没开口，蒋健就先我一步抢在前面说："没关系，用什么都一样，你就给她吧。"

我只能不情愿地上交我家"老爷"，然后恋恋不舍地看着它阴差阳错落入陆小曼的手里。

我们家"老爷"年代久远，木纹琴身布满沧桑，所以刚出场的时候就成了大家的笑柄。

可是后来它出色的音质加上陆小曼完美的演绎，让陆小曼赢得了整个比赛的第一名，而拿着时尚电贝司的蒋健却无缘前三。

那天比赛结束下场的时候，陆小曼一直对我表示着感激，可我一句都没听进去，我只是目不转睛地看着蒋健沮丧的脸，心里有些不安，最后却只能说出三个字："对不起。"

他迟疑了一会儿，然后笑着告诉了我一个震惊的消息："我室友早就告诉过我吉他有问题了，可是我还是带来了，我就想看看，是哪个女生这么淘气。"

我一时语塞，睁大着眼睛，微微红了脸。

"你能告诉我为什么吗？"

一向毫无顾忌的我突然说不出话来了，不是我程洛洛胆小不敢承认喜欢，而是我怕他不喜欢我这样和他背道而驰的人，所以我最后羞红了脸，窘迫地低下头。

可下一秒，陆小曼的出现以及她所说的一席话，让我更加难堪。

她走过来拉起了我的手，然后理直气壮地看着蒋健，"你还不懂吗？她是在帮助我，打败你成为第一名。"

周围的空气瞬间凝固了，我惊恐地抬起头，惊慌失措地解释：

"不是这样的……"

"不是这样还是因为什么呢？"陆小曼毫无掩饰的表情，让人看上去真的不是在说谎。

"可是你平时好像和洛洛不太熟哦。"蒋健似笑非笑地看着陆小曼，"事情都过去就算了吧，难道冠军不想请客吗？"

我想那一刻，我肯定是被镁光灯下蒋健的温柔笑容打动了，也许是他的一句"洛洛"拉近了我们的距离，总之他的气质和大度使我更加坚定了追向他的执着。

后来在回寝室的路上，陆小曼一路和我讨论着我家"老爷"的音质，我也沉浸在和蒋健的对话中，两个人全然忘记了白天莫名其妙就开始了的，前所未有的"朋友"关系。

我一直以为，我是千万人中最与众不同的一个，可孤单与生俱来，我也不能不落俗套，无处可逃。

我在黑夜下的森林中，拿着手机不停地来回滑动，上面没有一个陌生的号码打进来，也没有一条短信。这样上演过多少次的画面我早已习惯了，因为我的手机里就只有两个人的号码，一个是司机王叔，另外一个是我爸的秘书M小姐，有急事找我爸和要钱就打她电话。可是我从来没有打过这个号码，因为银行卡上自动存入的数字让我没有理由去打扰他们。至于M小姐的名字，我也只是听王叔随口提起过，叫小棉、小连还是小年已经无从考证了，我从来不问也不感兴趣，反正我从没见过。

可是我却无比羡慕这个未曾谋面的人，她比我幸福，至少能经常见到我爸。

也许这就是同学眼里我与众不同的原因，从小父母离异，父亲长年累月不着家，一个人拥有着她们无比艳羡的物质生活，想去哪里从没老师过问，可以随心所欲地逃课去看喜欢的演唱会。就连每次开家长会，凭着我爸和校长的关系，小M一个电话就可以解决所有的问题。

记得某次数学考试，是一个新来的老师监考，旁边的一个男生作弊被发现后，就慌乱地把纸条往我这儿扔，老师从我桌上拿起纸条后却当着全部人的面说："不要耍小聪明栽赃给程洛洛，我都看见了，况且程洛洛就算考倒数都没关系，所以她根本就不用花费时间作弊。"

也许是我愤然离开考场的时候，被巡视考场的某个主任发现了，反正后来我再也没在学校里见过这个老师。有人说是老师说话得罪了我，被开除了，也有人说是我向校长告状，大家口中的版本参差不一，归根结底都是因为我。于是从那个时候，我成了与众不同的人。寝室再也没有和我抢浴室的室友，食堂出现我的窗口也都几乎没什么人敢排队，他们宁愿去挤拥堵的另一边。

可是全世界只有蒋健知道，其实我什么都没做，那天我哭着跑出考场时，正好撞上了他从另外一个考场提前交卷出来。

他不依不饶，一路询问我怎么了，最后就跟着我来到了现在身处的小树林。

所以这次开家长会的时候，我又来到了这片小树林，我偏执地以为蒋健会在开完家长会后来这里找我的。

可事实上他却没有。

周围的景物迅速地暗下去，天空成群飞过的大雁带走了最后的一片夕阳，留下无尽的恐惧和饥饿侵蚀着我，我不得不往回走。

然而在我一路笨拙地快走完这段小路的时候，我没有等到王子，却遇到了拿着手电筒找寻而来的陆小曼。

终究还是有人在乎我的，我转而感激涕零，满眼泪花地看着她。没想到陆小曼不冷不热地回了我一句："老师说有事找你。"

我说："说句关心我会死啊？"

这不是我第一次去办公室，却有些提心吊胆，第六感强烈地告诉我即将会发生些什么。

办公室里的空气冷得就像寒冬湖面上结冰的水一样，我低着头抠着手指上快掉色的指甲油，时不时偷偷看看老师快秃顶的头发，心里想着如果他戴个假发或许会更像正常人。

过了很久，他老人家终于语重心长地说话了："洛洛啊，你爸爸打算送你到国外读书，所以现在你必须好好学英语了，等级A才算合格。"

我倒吸了一口冷气，"什么时候走？"

"学校考虑是这学期结束，马上就要高三了，你也知道高三很关键的。"

"他什么时候管过我，是那个女人说的吗？"直觉告诉我，肯定和小M有关。

"你妈也是为你好。"

"她不是我妈。"

言犹在耳，我至今都记得当时的我咆哮而出的这句话，是用尽了全身的力气，然后哭着跑出了办公室。

当这个女人步入我的生活开始，一切就成了噩梦，我还怎么可能这样受她的摆布，如她所愿。

五楼的走廊因为历史悠久早已坏了一个照明灯，我站在漆黑的夜幕下，看着走廊外似乎触手可及却怎么也触碰不到的夜空。清冷的月光下，万籁俱寂，像极了我心底那些无人可说，只能沉沉睡去的秘密。

我背着书包，站在走廊发了很久的呆，转身的时候撞到不知什么时候来到我身后的陆小曼。

"这个给你。"回过头看到的是陆小曼那张架着一副高度数眼镜的脸。

"实用口语，应该会有帮助。"

"你怎么知道的。"我追问道。

她耸耸肩，"没办法，老师要我来帮你。"

"我不需要。"我推开了她的书，愤然转身。

走了几步，听到身后传来："还有，你还是离蒋健远一点儿，你们并不适合。"

我无力地笑了笑，"陆小曼你真的很奇怪，这关你什么事？"

"我还要做作业，听不听随便你。"她索性把书塞给我。

我看着陆小曼莫名其妙的举动，好学生的行为还真的让人捉摸不透。

临近期末，晚自习增加了听力测试，老师召回了全班同学。

我习惯性地朝蒋健的座位望去，我想要是我真的走了，蒋健肯定是别人的了。

我看着他提笔思考着，转而在纸上匆匆写下些什么，直到那一刻我才发现，原来我们之间的差距这么远。

身旁的陆小曼也在认真地对着选项打钩，我竟然也起了兴趣模仿着去听。人总是要在离开前，才会突然珍惜平时寻常可见的点滴。

人真是个奇怪的动物。

尽管我很努力了，可是基础太薄弱还是什么都听不懂，就在我为我的答案几乎完全和陆小曼的不同而沮丧的时候，老师突然点了蒋健的名字。

"听力要专心，不要走神，你说这题选什么？"老师提问了蒋健。

好学生也会被批评？周围的同学都起哄着，而陆小曼低下头，小声地说出了她的选项C。我承认我不是故意要害蒋健的，我真的觉得是D，于是我也说出了答案，比陆小曼的声音还要小。

可竟被蒋健听去了，他像以前一样，胸有成竹地说出答案D。

"坐下，这题不用听也可以排除D选项，自己好好想想。"

在周围同学的哄笑声中，我第一次因为学习的自卑，深深地埋下了头。

只有陆小曼没有笑，她只是轻轻拍了拍我的肩膀说没关系。

我很矫情地承认那一刻我真的很想哭，也是从那时候开始，我把陆小曼当成了好朋友。

陆小曼来给我发英语试卷的时候，蒋健刚好来给我送英语字典。

她轻蔑地看着蒋健，"大忙人，你也来指导洛洛了？"

"我平时有那么忙吗？"

"全班都知道你整天忙着学习，怎么有空来指导别人？"陆小曼难以置信地看着蒋健，而我却在她眼神的那种难以言说里，看到一种不可侵犯的表情。

我突然产生了前所未有的巨大危机感，我的直觉一向很准，而这次直觉告诉我，陆小曼肯定喜欢蒋健。

"陆小曼，你为什么对我这么负责呢？"

"没几天你就要出国了，我只是想帮你。"

顿了顿，她又补充道："还有，你不要费尽心思在蒋健身上了。"

前一秒还对她的话表示欣喜若狂，后一秒我就表示不理解了，在我苦苦追问缘由无果后，我决定亲自去弄清楚原因。

可是我连准备都还没来得及开始，就明白了一切。

我看见蒋健牵着陆小曼的手，成双入对地出入图书馆。

现实总是太残酷，我以为我收获了友情并且快要接近爱情的时候，现实又残忍地把我推向了地狱。

一瞬间，我突然明白了陆小曼那些话的别有用心，而我再也没有和她说过一句话。

我开始把自己的书桌搬到了教室的最后，我知道生命中有些人走进来，只是为了给我上一课，然后就转身离去了。

三月伴随着雨水的降临如期而至，我在雨中奔跑，眼前一黑，翻倒在地。

醒来，已在寝室，身边是陆小曼。

她见我醒来后便匆忙离去，只留下一句"照顾好自己"。我勉强撑起身体，发现了书桌上的字条和东西。

"今天路过有人卖草莓，我洗干净了放心吃吧，生病了就要补充维C，照顾好自己。"

我想我肯定是扁桃体发炎加发烧糊涂了，我竟然又感动了。

吃着草莓，我百无聊赖，点开了学校贴吧，却发现有人上传了他们的亲密照片，我揉揉太阳穴看见标题是"好学生带头违反校规，元芳你怎么看"。

药物的作用让我突然昏昏沉沉，我没来得及看清内容，就又睡着了。

期末考如期来临，唯一让我觉得这世界还不算太糟糕的是，我的英语过关了。我随手翻着成绩册，却惊奇地发现，一向名列前茅的陆小曼，成绩一落千丈。

我唯一一次也是最后一次参加了班会，我只是想看看，陆小曼和蒋健该怎么面对老师。

低下头看着手机又摇了摇头，现在的女生还真是肤浅，一部苹果就收买了，大家在网络上疯狂传阅的照片，不过是我找人偷拍然后传上去的。

我坐等看好戏，故事里的女主角却一直迟迟未到。最后是蒋健走过来告诉我，他们已经分手了。

意料之中，我笑笑喝了一口汽水。

可是接下来的这句，却让我差点儿把汽水喷到蒋健身上。

他说："洛洛，和她在一起后我才发现我是喜欢你的。"

现实百转曲折。我震惊地听着蒋健说出这句曾经渴望已久的话，久久不能平静。

我已经得到了我曾经最想要的，可是我为什么高兴不起来？

我在教室收拾着东西，我知道有人帮我办好了一切手续，只等着我走了。

回到寝室，陆小曼坐在床上撕心裂肺地哭。也许是发过烧脑子还没好，还可能是突然想起了桌上的那盒草莓和我对她造成的伤害，更也许是因为蒋健的话,总之我最后走了过去,像上次她对我那样,拍了拍陆小曼的肩膀。

她却抱住我,先开了口:"洛洛,我不想和你分开。"

真假已无从考证,我只能顺着她点点头。

"你还记得开学的时候吗,寝室就我来得最晚,当我搬行李进寝室的时候大家都在玩,就只有你放下手里的电脑过来帮我。后来我总怕你觉得我有目的才接近你,我犹豫了很久,才敢涉足你的生活,你不知道,当时那个帮我的女孩儿,是我这辈子遇到的最善良的一个。"

我努力回想,拼凑起开学的点点滴滴。

"对不起,洛洛,我不是故意伤害你的。蒋健和他女友电话说分手的时候正巧被我听到了,他说喜欢你无非就是想跟着你出国。我怕你受伤害,就用他一直想得到的年级第一作为交换,让他做我男朋友,拿了第一,就有一个名额可以申请去国外。"

真相触目惊心,我一阵眩晕。

良久的沉默之后,我第一次按下了那个从未拨过的电话。

"我去国外读书,但有个条件。"

"答应你。"电话里传来一个毫不犹豫的女声。

三月的中旬正是草莓上市的季节,空气里都弥漫着草莓粉红色的香甜,就像十六岁少女淡淡的暗恋味道。

机场里弥漫着我和陆小曼吃的草莓甜筒,我也见到了传说中的小M。

听说,去国外是她跟我爸提了很多次才被允许的,她的理由是,作为女孩子,见识太重要了。

她见我的第一句话竟然是:"怎么,跟你去的不是你一直喜欢的男生吗?"

原来还真的有人关心我,看来她也没想象中的糟糕。

我和陆小曼相视一笑,因为我找到了更值得交付真心的朋友。

暖 式 调

深深深夏

1

那是一段冗长晦涩的时光。高考失利。复读。

2

凌空觉得，如果当初自己不是在做英语时，死拼一道听力题，以至于后面的阅读理解来不及思考，完形填空更是连文章都没看，完全凭感觉乱蒙选项，也不会弄得……平时最拿手的英语，居然成了高考中拖后腿的单科。

公布成绩的当天，网络别提有多繁忙了。直到中午，凌空才查到了自己的高考成绩——连一本线都没有上，差了十多分！有委屈，有难过，更多的是不知名的焦躁，满满地堵在胸口，让人喘不过气来。

在小扑接起电话的那一刹那，凌空的心理防线便彻底地崩塌了，"呜呜"地哭了起来。凌空说话断断续续，但聪明如小扑，立刻就抓住话语间的关键。

是了，高考失利了。

这个在高三一整年被视为禁忌的词语，哪怕再小心，结果还是摆脱不了啊。"连小空你都没考好，那我……我就更不用说了。"小扑貌似轻松地说道，却是否定了自己。

在与小扑相处的两年同桌生涯中，凌空一直觉得小扑是很有灵气、聪慧的女生。她可以在上课时和自己闹腾，也会在班主任问话时，露出一副很无辜的表情。可以很容易猜中自己的想法，能够帮自己排忧解难，不会被自己的坏脾气吓跑，依然微笑着陪在身边，直到高考。就连自己打去电话，什么都还没说，小扑便已明了。以为她说的那句"我就更不用说了"只是安慰自己。可实际上，她果然没有考好。

可为什么只有自己选择了这条艰辛的道路？在高考之后，让自己背上了更加沉重的壳。名为"复读"的壳。

而灵慧似小扑，高高兴兴地去了同城的普通二本大学，在周末还可以回家改善伙食。

凌空叹了口气。路是自己选的，不能后悔，也没办法后悔。

3

复读的高中，不是原本的那个学校，甚至它都不在市里，而在荒凉的县城。这就是凌空即将度过一年的地方。

没有小扑在身边，没有熟悉的同学和老师，没有父母没有家。凌空就这样一个人，懵懂地来到了一个陌生的新环境。虽说是一个荒凉的地方，但学校周边也得到了一定程度的开发，比如小饭馆、文具店、书店，以及租房。

学校内没有多余的宿舍，凌空便在外面找了一间。凌空讨厌多人同租的拥挤环境。于是她选择了某人家的阳台，虽然小了点儿，但只要关上门，就是自己的独处了。

规律而紧凑的学习节奏刚开始执行时，压得凌空透不过气。

以前和小扑一起骑车去学校，总要7点40分快早读了才匆匆跑进教室。而复读的每一天里，凌空都要6点不到就起床，住的地方离学校也不远，走路的途中买早餐，几口解决掉，然后到达教室。往往这时候，挂在教室后墙的时钟上，时针还没有指向"6"。

凌空心想，以前的那些迟到，原来都是小扑害的呀。小扑真是个麻烦的家伙啊。可是，虽然凌空总是这么对着小扑抱怨，但她一次也没有抛下小扑，总会很耐心地等待，直到一起迟到了。

小扑小扑，你在大学过得可好？

我好累啊。我好怀念我们在一起的那些时光。原来我总抱怨的那些缓慢的岁月，有那么多的欢乐与轻松。

那都是你给予我的，宝物。

4

熬过了刚开学的那段日子，凌空渐渐觉得找回了感觉。

原本成绩就不差，再复习一遍，学习就更加得心应手了。几次考试下来，连班主任也对自己关照起来。

111

离开小扑有一段时日了，原本凌空以为不会再找到这样的朋友，可实际上，现实并没有叫人绝望。住在同一户人家的琪琪，拥有小扑般温暖的笑容，对自己很好，也在同一个班级里。好像理所当然的，就熟络了。

在班上，大概是因为学习起来比较轻松，少去了复读生那般愁苦的面容，性格也变得比以前开朗。

这到底是好事，还是不幸？

5

复读的一切，凌空都会定期向小扑汇报。不管平时学习有多忙，作业有多少，别的可以少做，只有这一点，是雷打不动的。

当初和小扑约好，就算以后各自展开了完全不同的生活轨道，也要定期向对方报告自己的近况。

可只有一件事，凌空不知怎么和小扑开口。

6

"那个，怎么还没有男主角登场呢？"每次通电话，小扑总会打断凌空。

以前和小扑一起，总会听她提起某个男生，无论是说到他，还是在学校碰到他，小扑总会惊喜地对凌空叫道："锵锵锵……男主角出现了！"凌空总是一头雾水，为什么小扑要在那句话之前，用上奇怪的拟声词。

直到有一天，凌空鼓起勇气问小扑，才发现原来是这么一回事——小扑那个笨蛋把"锵"的发音错读成了"jiāng"，导致凌空的不解。这事件的收获是，小扑的那位男主角多了一个凌空起的外号："将将"。

于是当小扑再谈起他时，凌空会不自觉笑着加上一句："哦，那个'将将'啊……"

可是，小扑。我该如何告诉你。其实，我好像也遇到了我的男主角。

7

那是再普通不过的一天。

放学后的凌空发现自己忘记东西在教室，于是返回。当她来到教室，发现里面人都走光了。哦，不对，还有一位。

那时候，凌空甚至不清楚那仅剩的一个同班同学到底叫什么名字。可记下来的是他在关窗户时蓦然转向凌空的那张脸，干净而陌生。

凌空不知该如何反应。倒是男生先笑了笑，把剩下的窗户关好，然后几步跨到凌空面前说："今天我值日。我看天色不好，估计晚点儿会下雨，所以就特地关了窗户。"然后又仔细打量了一会儿凌空，问道："你是回来拿东西的？"

"嗯，是啊。"凌空觉得，这个回答好似隔了千山万水才终于抵达了出口。"这样啊。那我先走了。"男生说完绕过凌空的身体，往门外走去。几步后，他又踱回了门口，冲着凌空喊："凌空，你也快点儿回去，可能就要下雨了。"

待到凌空反应过来，人已经离开。

拿回东西的凌空，小跑着回住处。等身体坐到了书桌前，思想才又重新活了过来。心，怦怦跳着。究竟是因为刚刚的小跑，还是因为……那个男生，他叫出了自己的名字。

在阳台写卷子。不知过了多久，外面真的下起雨来。于是那个男生的身影，忽然就入侵了凌空此时装满习题的脑子。他那么高大，以至于把其他所有的东西，都从凌空的脑海中挤了出去。

8

第二天，目光自然有意无意地扫过那个人。

凌空踌躇了半天，终于问了琪琪。琪琪与凌空不同，性格开朗，和班上的大部分同学都建立了良好的友谊，平时玩笑打闹，再正常不过。

在琪琪暧昧探询的表情下，凌空为自己捏了把汗，总算是问到了他的名字。

叶翎哲。有点儿拗口，不过真真实实是他的名字。当具体到名字时，凌空才有了真正的印象。成绩不错，时常会听到班主任说起。

其实明明没有任何交集，在此之前。而在此之后，也不能想到任何的情节发展。可偏偏在当下，凌空觉得自己仿佛和叶翎哲之间被什么东西牵引住，有了某种特殊的联系。

开始会不自觉地把目光投向某处，开始会留意每次考试的考场是否有这个熟悉的名字，开始会关注他身边的人。

有时这个过程是甜蜜而放松的，可有时又会变得苦涩而沉重。

凌空有点慌了神儿，不知道这样的自己，在高考的紧箍咒下，是不是值得原谅。

9

是什么时候开始察觉，原来叶翎哲也在关注着自己的呢？

琪琪更加频繁地待在凌空身边，时不时就提到他。"叶翎哲今天去打篮球啦，你没看见，他投篮可帅啦！""叶翎哲和你同一个星座啊，你们还挺有缘分的。""叶翎哲快过生日了，我们一起帮他庆祝吧。"

琪琪说到兴奋处，还会向叶翎哲的座位看去。顺着琪琪的目光看去，凌空会看到那个干净的男生也正一脸笑意地望向自己。

却不知该怎样回应如此坦率的男生。

凌空开始懊恼自己的性格。明明觉得有了起色，却在关键时刻，依然如小扑所说的，那般执拗。

想很好地打招呼，想很自然地聊天，想很熟络地碰碰胳膊、开玩笑。很简单的事情，不是吗？可以和小扑、琪琪，乃至班上的大部分同学友好往来，却独独没有办法正常地和叶翎哲相处。

而叶翎哲也从来没有主动对凌空表示点儿什么。

小扑小扑，我该如何对你说？

他是否喜欢我了呢？

可我们都不敢迈出那一步，尤其离高考只剩半年时间了。我应该把精力都花在学习上，不是吗？

10

凌空决定，要把叶翎哲的存在告诉小扑。

但不是现在。等高考结束后再对小扑说。那时候可能只有自己的一厢情愿，如哗哗流水，全部倒给小扑。抑或能总结一句，"高考结束之后，我再也没见过他。"好似已沧海桑田。

但现实是，在高考之前，叶翎哲真的来找凌空了。

把凌空从住处的阳台叫出去。夜晚，路灯下。

凌空远远看见男生站在灯光处，双手插在裤子两边的口袋里，低着头，一只脚不停摩擦着地面。

"叶翎哲。"凌空怀疑自己在此之前，从没有当着他的面，叫出过他的名字。听到声音的叶翎哲，猛然抬起了头。看着凌空。

一时沉默。只有男生干净的脸庞，依稀留着当初的印象。

"凌空，高考要加油。"

凌空恍惚了。

难道就此结束了吗？不是应该有一个令人难忘的高考前夜，一个激动人心的告白，一个含情脉脉的拥抱吗？

这些的这些，全部化为一句"要加油啊"。它何以承担凌空将近一年的期许？

可这就是现实。叶翎哲只说了这一句话。口气好似当初说着"你也快点儿回去"的那个夜晚。

凌空忘了说："叶翎哲，你也要加油。"

11

当一切尘埃落定。

凌空感到心里压着的一团情绪倏忽就没了踪影。再讲给小扑，简直一气呵成。

小扑嚷嚷着："啊啊，我居然被隐瞒了将近一年！小空你性格还真是恶劣到极点了，呜呜……"

"嗯，我就是性格差劲。"凌空笑着答道，一点儿也不生气。顿一顿，又补充一句，"可是你要原谅，原谅我就是这样的女生。"

小扑在电话另一头的声音也漾满了笑意，回答说："我认啦！"

12

凌空在高考后，并没有和叶翎哲失去联系。甚至在某一天，凌空直接发短信问道："当初你是喜欢我的吧？"

很快便得到了回复。答案很简单，两个字——"是的。"

又问："你为什么会注意到我呢？是因为那次我回去拿东西吗？"

回答："在那之前吧。"

追问："为什么？"

再回答："可能觉得你比较特别吧。当然，你也很漂亮啦。"

没有再问下去。

那为什么明明是喜欢的，却什么也不说出来呢？是因为高考吗？还是因为，两人的性格都有那么一点儿执拗？

当所有压力与烦躁的心情一齐得到了解脱，当不再为了高考顾虑良多，当终于明了对方的心意，就算一切都以过去式标注，什么都没有发生，却真实地留下了一些什么。它存在着，就在那里。

每当想起，心口暖暖。

这是属于凌空的式调，与叶翎哲有关的一切，可以分享的回忆。带着一股暖流，淌在凌空的心中。

凌空称它为暖式调。

少年，请记得

　　你不是坏孩子，相比之下，你比那些同龄小孩儿更有爱心，比如说咱家那只最胆小的鸭子大过年的被鞭炮声活活吓死了，你伤心之余给它办了场隆重的葬礼；比如说米特别贵那年，无论多少乞丐来咱家乞讨，你都会舀上满满一瓢子米给他们，面带微笑说不客气；比如说，开学伊始，书店掀起抢书狂潮，你会在看见小妹妹被单车挡住过道时，热心地帮她们推开那些单车……

少年，请记得

林若曦

从小到大，你一直是个不能让人省心的孩子，每当我看到那些上门讨说法的家长，都不由得暗暗叹口气，唉，这小破孩儿什么时候才能长大。咦，忽然有一天，放学回家的我看见你一反常态地没去外面巷子里惹是生非，而是窝在家里看电视。我屁颠儿屁颠儿地跑去问老妈："今儿个是什么日子？头一次看他这么听话！"妈妈白了我一眼，"你没见他手上挂着吊瓶吗？"

你不是坏孩子，相比之下，你比那些同龄小孩儿更有爱心，比如说咱家那只最胆小的鸭子大过年的被鞭炮声活活吓死了，你伤心之余给它办了场隆重的葬礼；比如说米特别贵那年，无论多少乞丐来咱家乞讨，你都会舀上满满一瓢子米给他们，面带微笑说不客气；比如说，开学伊始，书店掀起抢书狂潮，你会在看见小妹妹被单车挡住过道时，热心地帮她们推开那些单车……综上所述，你确实算得上一个好小孩儿，尽管你对外贡献比对自家贡献大得多得多。

你很自恋，也不知道是不是那年我为了让你洗碗随口奉承的话——"真是个有责任感的帅小伙"让你自信心迅速膨胀，让你冬眠多年的爱美之心苏醒，以致你现在总会对着镜子说"哇，又帅了"之类的傻话。而我看着高出我一头的你，权衡再三，还是识时务地藏起呕吐的表情。

你爱玩游戏，每次一碰到键盘，眼里总会迸射出狼见到猎物时发出的绿幽幽的光，瘦身板子一个劲儿向前倾，腿随着音乐有节奏地摇晃，每每看到这场景，我总有掐死你的冲动，但是我努力克制这种愚蠢的冲动，告诉自己我要智取，辣老姜难道斗不过你这只嫩狐狸？于是啊，我就偷偷给你计时，时不时跑去瞄下电脑右下角的时间，待一小时后我便奉承咱妈的御旨，铿锵有力、义正词严、慷慨激昂地逼你下线，你永远都是那副心不甘情不愿却无能为力只能忍痛与爱机"诀别"的哀怨表情，让我暗爽不已。

你不喜欢买衣服，这是我迄今为止最疑惑的问题，本来嘛，爱耍帅的小伙子哪个不想天天穿着既新又酷的衣服，可是你偏不要，每次妈妈想带你去买，你总是一拖再拖，直到老妈根据自己目测帮你选好。嘿，还真别说，衣架子就是衣架子，本就人模人样，穿上去愈加人模人样了。因为你这个不知是优点还是缺点的习惯，帮咱家省了不少钱。

你特别爱闹腾，每天咱家都会上演猫捉耗子的剧情，一般来说，都是我手抓着鞋子追着前面光着上身笑得极其嘚瑟的你，每次总是我认输。毕竟，俩腿长度相差十厘米的距离一直是一个巨大且有形但却无法改变的事实；每次吃饭我们都会先来个鸡翅争夺战热热身，往往都是我赢，据说你是因为见不惯我一脸杀气地嚼着没有菜的饭的狰狞样子。

你成绩特差，并且不思进取，这是你最大的缺点，"金玉其内，败絮其中"是对你最斯文的诠释，而"长着一张讨喜的脸却安着一个榆木脑袋"是我听过的对你最中肯且素朴的评价。看着你惨不忍睹的成绩单，我会默默为你祈祷。祈祷你回家不会被全家人隔离，祈祷你的衣服有人洗，祈祷你安然无恙不会被怨气所伤。

放假那会儿你整天念叨着出去打工，美其名曰体验生活。在你即将走的前一天，我特煽情地改了个性签名"我亲爱的小包，你将要离开了，作为你姐姐我实在很不放心"，确实，我想不出一个连袜子先洗还是裤子先洗的笨蛋在外会怎么独立生活，我想你确实应该多做家务锻炼锻炼，虽然你很懒。

哎呀，写着写着就这么长了，那么我亲爱的少年，你要记得以后不要三更半夜才回家，不要挑食、只吃肉不吃菜，不要老玩游戏，多看点儿书，不要只刷牙不洗脸，不要太自恋，不要惹爸爸妈妈生气……

现在我要离开了，看着身边睡得像只猪一样外带打呼噜的你，我实在很是牵挂，牵挂下次回家家里的酸酸乳会不会只剩个箱子，牵挂你会不会放假在家陪咱妈，牵挂你会不会洗自己衣服顺便自己去阳台晾干，牵挂所有的所有……我最亲爱的少年，你要记得，你该长大了。

岁月如歌，你如岁月

安 达

岁月如此，爱也是如此，而你对我的爱，如歌，在飘荡的音符中回旋，谱不了曲，填不了词，只知道像风一样美好，不敢保证将来会对你怎样，只能向过去说声"对不起"。

下辈子你要做什么

其实没有人知道，我怕静，多年来，伴着电视声入睡早已成为一种习惯。并不只是单纯地喜欢它五彩斑斓的画面，爱它，因为寂寞。

寂静的夜晚，闷热的夏季，空调里的风伴随着床榻上的吱啦声吹着，黑暗中听见醉酒的你在地板上剧烈的声响，喜欢这种有人的动静，因为寂寞。

心中的小窃喜促使我的舌尖莫名地发出震动，张口问你："下辈子你要做什么？"天真的我在心中下了一个定义"猪"。的确，现实生活中，顶着啤酒肚的你整天都在闲晃，没有娱乐，没有事情等着你去做，不会打电脑，不会用手机，不会看书，不会聊天，只会开着唯一的电视机，听领导讲话，似乎这就是你唯一消遣娱乐的办法。于是乎，现在，发福的体形实在是与你当年英姿不符，你再也不敢拿着你那一抽屉的体育奖状与一盒子的金牌炫耀。

岁月总是不饶人，瞬间我才发现，原来你早已不似当年，早失去了你炫耀的资本。你在东奔西走的路上为我"求学"，做错事了，你来扛。

然而当我望着黑暗中的老男人的身影时，却得到了一阵急喘的声音："下辈子吗？我啊！还要做你的爸爸。"

当一个年近五十的老男人用执着坚定的语气说出这样的话语时，我很没出息地哭了，眼眶一阵湿热，蒙上被子，只觉一种莫名的心酸扑面而来。泪水模糊双眼的同时，在心中默默许下了一个念想，从今天开始好好对你，让你过上最好的生活。因为这时我才发现，你并不有钱，却在一直满足我，如果是我的决定，你会毫无保留地去尽力。

叛　　逆

人总是说变就变。记忆深处，总有一份小小的却刻骨铭心的回忆不容忘却。

那是一段不长的岁月，我像一只暴躁的公鸡，讨厌你，憎恨你，甚至觉得你不配当我的爸爸。不让你吃饭，因为讨厌你的动作；不让你出门，因为不想让你随心所欲。所以，开始向你狂叫。而你，开始变得无奈，无助，甚至是渺小。无论怎样，始终满足于你的小小的可怜的表情与无助的举动。笑你傻，没文化。

一直这样下去的举动终究会让人看不下去，把这些都看在眼里的妈妈忍耐不住了，终于开始问我："你和你爸的关系怎么会这样？一点儿也不亲。"这时，心里头小小的良知发现了，愧疚的感觉使我无地自容。但蒙头大睡后，第二天，我的态度依然如此，不曾改变。

有 时 候

有时候，会觉得我愧对你，毕竟很多时候，我都拿你当出气筒。可是呢，有时候，会觉得你愧对我，毕竟你并不是什么时候都是完美的。

那么，有时候，上了四节课的我为了一点儿小小的虚荣，希望在同学的眼里，我有一个无论何时都会满足我的好父亲。和同学来到电话亭，听她在电话里的哀求，听她的自嘲"我爸很懒"，看她满脸洋溢的所谓愤怒的幸福……其实她并不知道我很羡慕她，有一个能够与自己可以……很幸福的父亲。但是呢，我和你的对话，却只有短短的三秒："可以来接我吗？""可以。""你在哪里？""学校门口。"……只留下一段可笑的电话声……三秒结束，同学羡慕我的幸福，我无奈地附和着。听说金鱼的记忆只有三秒，三秒过去，一切不再回来。人的记忆却不会如此。三秒，真的是我应该炫耀的资本吗？

时光的沙漏，流转，现在，我们的关系仍是平平淡淡，不温不热，没有应该有的，也没有不该有的。但，真的，在回忆起这些事时，我才发现，原来，我们之间还有一段可歌可泣的记录。所以，想和你说声"对不起"，我以前对你很不好，还有你真的是一个好爸爸。不敢保证将来会怎样，只是现在我明白了，你对我很好。

最后，送你一首歌：

> 梦想总是遥不可及
> 是不是应该放弃
> 花开花落又是一季
> 春天啊你在哪里
> 青春如同奔流的江河
> 一去不回来不及道别

只剩下麻木的我没有了当年的热血
看那漫天飘零的花朵
在最美丽的时刻凋谢
未曾绽放就要枯萎吗
我有过梦想
青春如同奔流的江河
一去不回来不及道别

大女子，小女子

抽 离

　　夏天明明已经过去，高温却依旧迟迟不肯散去。夜，没有人会去注意天空中有没有美丽的繁星，而是将注意力放在了是选择费电开空调还是忍忍开电扇的难题上。

　　做完家务后，我心安理得地卷着厚厚的被子趴在床上翻看杂志。

　　妈妈无所事事，瞥了我一眼，再瞥我一眼，又瞥一眼，我还是没有任何反应，她开始没话找话："你非得把眼睛弄坏才高兴是不？"这话她老人家念叨了好几年，我也习以为常，没有辩论。但我深知若是不答话，定会被定义为"有了杂志忘了娘"，于是我没边地瞎扯："谁说的，趴在床上看书其实和坐着看书的性质是一样的。""谁说的？！我们以前老师都没给说过。"我斜眼，撞见她据理力争的样子，点点头，翻过一页书，轻描淡写："嗯，那是因为你没问。"我觉得自己说了一句很有道理的话，不是我自负，智商超过二十的看到她顾着腮帮子冥思的样子就知道了。

　　很长一段时间都没有人发出声音，只有空调的呼呼声以及细碎的翻书声，就在我以为妈妈已经入眠时，她突然翻了个身，呢喃一句："腿好酸。"

　　我放下手里的杂志，翻身到她的大床上，摆弄着她的长腿，"哪儿酸，我帮你捶。"她显得受宠若惊，笑着翻过身趴在床上，"啊！有女儿真好。"幸福而得意的语调。我没答话，笑意却漫至嘴角，说不清是自豪还是欣慰。两只手握拳轮番捶在她的大小腿上，寻找合适的力度。她的腿很细，用她自己略带夸张的话来说就是"畸形"，不过也离那不远了。

妈妈的腿是个很值得我羡慕的地方，除此之外，还有她深深的锁骨。当然，我更愿意说的是她的三层肚子，因为这是我唯一值得骄傲的地方。

曾经有一段时间，在她"仰天长笑"的结尾处，只要爸爸一用类似蜡笔小新很有喜感的声音说："笑！"妈妈就会控制不住地进行下一轮近乎癫狂的大笑，捂着笑痛了的肚子在椅子上扭来扭去的过程中还不忘抽手去打看着她幸灾乐祸的父女俩，好不滑稽。

不得不说，她是个很幽默且童心未泯的女子。忘了从哪部小品学到的，以后每每见她，无论是否在家，抑或是刚刚见过，都会不由自主说上一句"嗨"，而她，也默契地答"耶"，偶尔加上可爱的剪刀手，实在大有神经质的嫌疑。

"得了，你别捶了，手酸了吧？"果然，妈妈知道我是个很虚的小孩儿。但我还是很逞强地说："不酸啊。""不捶了不捶了……"妈妈重复着，自顾自地翻身，怕被她的腿"殃及"到，我趁机回到自己的"狗窝"里。

妈妈卷着被子凑到床沿边，渴望而可怜地望着重新抄起杂志的我，微微卖萌的口气："你不和我睡啊？""不要！"我翻过一页纸，看都没看她，迅速接话。"可是我想和你聊天嘛。"我瞥她一眼，突然觉得配合妈妈扭动的双腿和扭曲的表情，把"我"换成"人家"就真的无敌了。

但我还是毅然决然地说："在两张床上不是也可以聊天吗？"她呢哝着："我想抱着你聊天嘛……"作为一个经常受到此类语言感染的人，我镇定神色："免了。"她像是受了打击，裹着被子滚到了床的另一侧，我在这端，哑然失笑。

"啊啊啊啊啊！……"半晌后，就在我准备放下杂志熄灯睡下的时候，她从裹成粽子状的被子里爬起来，在床上跳到床沿，伸长手臂去够梳妆台上的化妆品。"怎么了你？""呼……差点儿忘了，今晚还没擦呢。"你像是劫后重生般庆幸，对着镜子仔细涂抹好一番，最后欢脱地钻回被子里，"啊……""又怎么了你？"我无奈着。"刚刚都快睡着了，现在又睡不着了……唉。"我强忍着哆嗦的手将杂志塞到床边放置的椅子的空当处，我发誓我当时特想拿它砸她，但幸好，我忍住了。

关了灯，我赤脚从地板跑回床上，钻进被窝里。空调的凉风从我耳边擦过，我掖掖被子，窗外透进的微弱月光下依稀看见她安静的轮廓，我微笑着："晚安。"她显然没睡着，声音却有气无力："晚安。"

许久后，我还是清醒着，侧头看她，她一动不动，像是沉睡的孩子。我一时没忍住："嗨！""耶！"她突然睁眼，嬉笑着回答。不由自主，相视一笑。

127

有一种思念是长大

范 宁

他们之间只有无止无尽的争吵。他们争吵的话题永远是一个，都是关于经济的问题。他们吵架时某方说"又不是我一个人的女儿，你凭什么全摊在我身上……""摊"这个字像极了一把泛着凶光的刀子，插在了我心上。

终于有一件值得我高兴的事了，他选择去外地发展。我在地图上找他将要去的城市，很远。妈妈口中的"不顾家没有责任感"的男子而今要去远方了，这样是不是就再也没有面红耳赤的场面了？

那天，我和妈妈去车站送他。

我看见送行的人们与远行者亲昵地拥抱，再三地叮嘱，依依不舍。我们则大相径庭，我只说了句"爸爸再见"，别无他言。旁边有相识的人说："你们一家人挺干脆啊。"

回到家，我倒在床上，看着天花板。然后感觉天花板上灯的形状慢慢虚化。有什么湿润了我的眼睛。

突然想起去年那节煽情的口语交际课。那节课的主题是"我的一家"，老师要我们谈谈自己的家庭。我正拨弄着自己额前的刘海儿，听到这个主题不禁笑了。兴许是老师看见了我的小动作，便对我说你谈谈吧。我站起来的一瞬，大脑一片空白。有什么好说的呢？说他们分隔两地，说他们性格不合，说他们为了钱整天争吵，还是说他们总是埋怨对方如何如何不好……不。我说我的家好温馨，说我爸爸妈妈很相爱，我爸虽然去了外地，但是每天会给家里打一个电话……最后，我哽咽。

老师湿了眼眸。我坐下，低着头，因为我知道刚刚撒了个谎，自己骗了自己。

日子不咸不淡地晃到初三，这是个即将中考的年月。老师说："你处在考得上重点与考不上的边缘。纵使你英文和语文全班第一又怎样，你的数学实在是太差，要加油啊。"而我总是在办公室里低着头，笑笑，不在乎。

突然，他回来了，带着伤。他出车祸了，要回来养伤。单位放他假。

他看见我比画着说："长高了啊。"随后又一拍脑门儿，"忘给你带礼物了。"我说："我不要紧，只要你给我妈多送些钱就可以了。"看他那样的表情，大概是诧异于我怎么会这么现实直接地对作为父亲的他说话吧。

即使我知道父母双方都不够理解对方，都有错，但我还是偏向妈妈这边。因为他不在家，妈妈就变成家里的男人。厕所的灯坏了，她搭上椅子小心翼翼地去换，还不让我帮忙。学校要交费了，把手往她面前一伸，她就默默地把钱递到我手中。而她自己买东西时，总是要跟老板讨价还价老半天。这种现实让我学会带着刻薄的语气跟别人说话了。

我走进房间准备写作业，他说他要看看我的作业。

看就看呗。

当他看到我那布满红叉的数学试卷时，眉头纠结到了一起。我知道他脸上的表情是在告诉我，他对我很失望。我又给他看那篇被老师大赞的作文。他的眉头微微皱了一下，一定是看懂了我字里行间对爸爸的埋怨吧。

看完，我埋头写作业。耳边是他离开时轻轻关门的声音。

而房间里的我却无法专心学习了。他现在身体不好，正是需要来自家庭温暖的时候。但是一想到生活里的那些积怨，心又硬了一下。谁管他，写作业。

过了很多天，他要走了。

其实他走的那天晚上我一直没有睡着。奇怪的是我竟然听到妈妈的声音如此柔软，她笑着说："我知道你也在为这个家努力，我看到了。以前我们都有错。"然后我听见他厚重的声音说："潇儿都这么大了，我们还吵就不像话了。在她心中，我这个爸爸很失败吧。"

听见他语气中的失落与自嘲，我心中竟然又觉得一阵沉重，无法言状。这样谈笑的语气，是妈妈原谅他了吗？抑或是妈妈真的看见他很努力地为了这个家打拼。

后来他走进我的房间，我赶紧闭上眼。我还以为会发生像俗套的电视剧里的情景——给女儿一吻。可是什么也没发生，就听见房门又被关上的声音。可能他只是为了看看我吧？我睁开了眼睛，在房间里开始搜索。不知道为什么会有一种他一定会给我留点儿什么东西的感觉。果然，一张小纸条安静地躺在了我的书桌上。是爸爸的字迹。

> 潇儿，有些话还是在纸上和你说比较好。生活有时候很无奈，并不是你想象的那个样子。我知道你怨恨爸爸，不过我希望你从现在开始重新接纳爸爸。爸爸看了你的数学试卷，心里不是滋味。一定是你没有尽力，你真正的实力肯定不是这个样子的。快中考了，加油吧。不管你考没考上一中，只要你尽力了，就是最棒的。还有，最重要的是把身体养好，多吃饭，别太瘦。我不在，你要听妈妈的话。

为什么心沉重了呢，是因为想哭了吗？

我总是在别人的故事里听说一夜长大，这次终于在自己的故事里经历了一夜之间的成长。

如今爸爸去了另外一个城市，突然而来的思念将我湮没。有人唱得对，思念是一种病，久久不能痊愈。

爸，你在远方还好吗。身体好些了没？

爸，我的英文和语文又是全班第一名呢。

爸，不知道为什么，我做起我最讨厌的数学题也特别有动力呢！

爸，我梦见你了。

爸，我想你了呢。

老爸的过往

黎 卓

据老爸回忆，童年时期的生活是苦不堪言，顿顿没饭吃。

据老爸回忆，童年时期的海很清，虾鱼蟹多得数不清，餐桌上总是吃不完。

他想表达的意思只是童年除了海鲜什么都没有。

他若不当老师，没准会去当个讨海人。他熟记潮汐时间，擅长捉螃蟹，总是能抓螃蟹的某一处地方让它张牙舞爪也咬不到他。

现在他也经常回老家捉一些给我吃，总是很惋惜，"海上要建机场了，只有这几只。"

爷爷教育孩子那叫一个心狠手毒——辣不死人，毒会死人。据老爸忍痛回忆，小学时他若考了100分以下，例如99分，就不敢回家。别人家的孩子取得这样的分数总是很雀跃的，可爷爷就不高兴了，他会找一根绳子把老爸五花大绑吊在门口打。我能想象到他的惨叫声是如何"听者痛心，闻者流泪"。

老爸还是每天早晨四五点钟就起床读课文，煮一碗面。这碗面说是面，实际上只有几片野菜几根面条和一大碗的汤。

我很好奇他当时为什么不加海鲜。

上了中学，农村那儿的习俗是初中不能考去外面，所以没有上一中。当时的他已经很牛了，除了英语外各科成绩他第二，没人敢当第一，巅峰啊！

说到英语呢，就不得不提一提他那个任性的坑人的英语老师。要知道当时教师工资一个月就那十几块钱，养家都不够糊口的。于是英语老师一摔课本嚷嚷不干了要去卖茶叶蛋，老爸他们就停了好久的课。这孩子很辛酸啊，用无敌好的另外三科补英语的分考上了同安一中。

在他的努力下，在一中英语老师和蔼的关怀下，英语成绩上来了。上了一中，他不再是年级第一，所幸物理还是数一数二的。

他喜欢研究电路。

相信每个学校里都会有这样的理科男生吧，成绩好到爆，不会复杂公式的花痴女生很容易花痴的。

老爸就是这样。即使他不高，即使他不富很穷，即使他不帅，但他埋头演算的样子真的很吸引人。

当时他有一台收音机，没事就带到教室里拆拆，埋头专注，指间飞快地旋转着，耐心地告诉围观群众那根线是干什么的，这块零件有什么作用，引无数花痴竞折腰。

不过那时候女生很矜持的，还没有女生倒追来着。

他说他特别喜欢一个老师，教数学的，北大毕业，每次上课手持一根粉笔，极其顺畅有条理性地上完一节课，总是时间刚刚好地完成了要教的内容——老爸说，课堂时间都是掌握在好老师手里，从来都是刚刚好。而面对同学们提的千奇百怪的问题从未被问倒过。

那位老教师的教学方法让老爸受益良多。现在的他在教学时用的方法大多是当年这位老师教的，很不错！不管你们信不信，反正作为老爸学生的我信了。据说老爸某届的某个学生用这个方法高考数学满分。

直到现在有一天，晚风正好，老爸坐在阳台上喝啤酒听邓丽君，反复喃喃对我说那位老师如何好如何好，鬼使神差般地拨了那串烂熟于心的电话。他在心里想，过了二十多年，肯定拨不通。没想到电话那边响起了苍老威严的声音："喂？"

他很激动："老师？是你吗老师？你还记得我吗？"

老爸大概是醉酒糊涂了，连名字都没报就问人家记得吗，就算名字报了也不一定想得起来啊。

那头沉默了几秒："记得。你就是××届的许××！听声音就知道！"

老爸差点儿没哭出来。过了二十几年了，这位白发苍苍的老教师竟然还认得他的声音！于是他对我唠叨了一遍又一遍动脑的重要性，因为老教师常动脑，所以老了头脑还很清楚。

高三时，老爸的奶奶去世了。

再过不久，老爸最喜欢的数学老师调走了。

老爸开始有些堕落消极，成绩一落千丈，再加上高考发高烧，一向很厉害的物理才考了八十几分，只考进了学费少的师范大学数学系，让没什么收入的家庭松了一口气。

大学里的他是学校的修理工，谁家电器坏了都找他修。他是歌神麦霸，《水手》是他的成名曲，经过女生楼下时不时会飘过一句："他说风雨中这点儿痛算什么，擦干泪，不要怕，至少我们还有梦。"直到现在，我听了还会发自内心地感叹一句：宝刀未老，不去当歌星可惜了。

开始有女生追求他了，送花送茶。

这件事过了好多年老爸还会拿出来说，特别是在我老妈笑着嫌他长得不好看的时候。

他的半辈子，就是这样。

在夜晚，和风正好，当我写这篇文章时，他正在阳台的躺椅上，怀着心事，喝着啤酒，吹着夏夜凉爽的风，听着邓丽君——

"哎哟南海姑娘，何必太过悲伤，年纪轻轻只十六半，旧梦失去有新侣做伴……"

突然想起你

　　你鄙视我每天都戴不同款式的蝴蝶结，却会在看到好看样式的蝴蝶结时帮我买回来。你说蝴蝶结什么的最矫情了，都老大不小的人了还戴那玩意儿……你还想继续批评蝴蝶结的种种不好时我会朝你大吼一句："花一样的年纪啊！啊！啊！"你就比我大三个月，却喜欢倚老卖老，你把我当小孩子看待，却给了我这世上最美好的友谊。

突然想起你

果　舒

星期三晚自习后的那个无星的夜晚，我发烧了，体温计上的水银柱显示39.5度。住宿生的身体健康是由班主任负责一部分的，所以在班主执意要带我去医院的时候，我与他发生了争执。我讨厌医院，消毒水的气味让我感到恶心，那是种能让胃液在胃里不断翻滚的令人作呕的味道。

我跟班主任说我只要吃药就好，睡一觉就没事了。但他没有依我，大人总喜欢小题大做，我都跟他说了我的身体恢复能力挺好的，这你是知道的，可他就是不听。最后他搬出了我爸妈来压我，终于把我送进了医院。没错，是终于！我与班主任争执了足足一个多钟头，我想说他要是早给我药估计我现在烧都退了。这期间我脸上偶尔出现暴怒后的委屈，说话中气十足，双脚因不爽而在他面前不停踱步，除了脸上因高烧而泛着不正常的红晕让我看起来像喝醉酒似的，一切都是正常人的模样。这场争执从一开始就注定了我会失败，很多事情一开始就知道结局，就比如你刚来到我身边时就注定有一天你会离开，去我到不了的远方。

从左脚踏进医院大门的那一刻开始我就忍不住发起抖来。或许是因为医院的冷气开得太足了吧。我不想告诉你，其实是我的心在恐惧，一股来自阴暗角落的压迫感逼得我整个身体都忍不住颤抖起来。你知道我恐惧的原因吗？医院里每天都在上演着生死离别的戏码，我从来都没有想过有一天这戏里的主角会变成你，从未想过。我想起你躺在冰冷的手术台上毫无生气的模样，想起你姣好的容颜被犹如死神镰刀的白布盖上，想起你的最后一丝呼吸在医院冰冷的空气里冻结。我讨厌想起这一切，可我一踏入这冰冷之地，关于你的画面就一帧一帧地往脑海里插，那些画面似一片片锋利的玻璃，一下下地在我心口上划着，直至鲜血淋漓。

护士给我验血时一扎针我的眼泪就哗哗地落了下来，班主任在旁边看得呆若木鸡。他明显是被我的反应吓到了，平时天不怕地不怕的我竟会因一支针畏惧成如此狼狈的模样。其实并不是这样的，以前的我不怕打针，但好像从你走后，我一看到拿针的医生，全身的感官都会变得敏感起来，我能感受到你打针时的痛苦，如此清晰，以至于我的眼泪像开了闸的水龙头，哗啦啦流个不停。

从来没有打过点滴的我在这次发烧中好像一次性把那些年我没打过的点滴都补足了。半夜的时候我睡觉不老实不小心压到扎着针的手，肿了一个大包，护士只好拔掉换另一只手重扎。你曾笑过我睡觉总是不安分："都多大了还像个小孩子一样？"你说这话的时候无奈地耸耸肩叹了一口气，眼里却溢满笑意，"还好你遇见了我这个大好人，在家你妈帮你，在学校还有我半夜起来给你盖被子。"可现在你不在了，没有人帮我盖被子的日子里，我习惯了着凉。没有人待我像你那么好了，最好的你已经不在了。

你知道吗？为了释怀你已逝去的事实，我花了好长好长时间，长到日和月的模样在我脑中模糊，长到我开始习惯一个人生活，长得我开始怀疑你只是一个梦。

你喜欢吃红豆沙，我喜欢吃绿豆沙。你喜欢吟诵杜甫的"红豆生南国，春来发几只。愿君多采撷，此物最相思"。说完会瞥我一眼说，绿豆一点儿诗意都没有。然后在我的怒视下扬扬得意地舔着红豆雪糕。你鄙视我每天都戴不同款式的蝴蝶结，却会在看到好看样式的蝴蝶结时帮我买回来。你说蝴蝶结什么的最矫情了，都老大不小的人了还戴那玩意儿……你还想继续批评蝴蝶结的种种不好时我会朝你大吼一句："花一样的年纪啊！啊！啊！"你就比我大三个月，却喜欢倚老卖老，你把我当小孩子看待，却给了我这世上最美好的友谊。

我在想，如果那天我没有刚好去医院拿东西，你是不是自始至终都要瞒着我你的病情？如果我没有刚好看到在医院照顾你的爸妈，没有向他们打招呼，我是不是连你最后一面都见不到了？

你可真是个自私的家伙啊！你明明知道你的病情有多严重，却一次次地对我说只是普通的小感冒。迟钝如我，怎么会没注意到你每次对我笑完后脸上露出的疲倦？单纯如我，竟会对你每次借口拒绝逛街的理由深信不疑！你可真是个聪明的坏蛋，对我的想法了如指掌的聪明的坏蛋。你知道我要是知道你的病情的话会难过，伤心。可你这么善良得连蚂蚁都不忍心踩死的好女孩儿老天怎么就对你这么不公平！

打完点滴回到学校已经6点多钟，头顶上的天空是清晨那种特有的鸦青色，空气微凉而清爽。

阿涵，你不必担心我。我会去结交新的朋友，也会学会睡觉时老实点儿不让自己着凉，我会收起我们的合照，收起我们的回忆，尽量不再想你。我不再吃绿豆冰了，我怕又会突然想起你。

在时光里，我们要做一生的好朋友

黄秋容

嗨，亲爱的荟，还记得我吗？曾经那个弱小的我让你吃了不少苦头，你会记恨我吗？我就知道你不会，因为你总是那么善良，温柔可人。

我们明明是两个世界的人：你温柔，我粗鲁；你聪明机智，我愚笨迟钝；你善解人意，我自私自利。与其说是我的霸道让你和我交集在一起，不如说是你的大度宽容了我。我打你，你却给我笑容；我骂你，你却一笑而过；我对你闹脾气，你却安慰我。你如此出众，头上的光环耀人灼眼。老师们偏爱你，同学们喜爱你，在你的世界里，我的卑微就像一颗渺小的尘埃。偷偷告诉你哦，我也有过那么一刻嫉妒过你哦！

还记得我们曾一起帮拾荒老人捡废品吗？你家境良好，在我们眼中你就是个公主，这让我十分意外，你的爱心、你的待人平等让我震撼，同时在心底为自己摊上你这样的好朋友而高兴。我以为我们能够一起度过千千万万个岁月，一直闹到地老天荒。我一直想问你是否愿意让我欺负到老，直到动也不能动。可是那年夏天后我们就各奔东西了，这句煽情的话至今都没能说出口，嘿！你就不能让我扮一下文艺吗？

同行六年突然间各分东西，真让我怀念和你一起的日子，甚至想再见到你时就不再欺负你了，可一见面我就把这念头抛到了九霄云外，你怎么就不骂骂我呢？我一点儿愧疚之心都没有啊。

可是我们好像已经两年没有见面了，连网上都没有聊天记录哦，我确实不知道你发生了什么事。听说你交男朋友了，亲爱的荟，你不乖哦，怎么可以那么早谈恋爱呢？

听说你想找我去玩，可是这却是经过另一个人告诉我的，你知道我在等你亲自开口吗？可是我最终也没有答应你，因为我太害怕被冷落了。还记得我们曾聚在一起吗？我像个话匣子一样说个不停，却换来你们简单的回应。亲爱的荟，我喜欢你活泼一点儿的样子。

听说你成绩下滑得厉害，没想到我能超过你，只是我一点儿都不开心。我知道你从小就有压力，你那重男轻女的爸爸常常在醉酒后对你埋怨，埋怨你为什么不是个男孩子，你怎么都不告诉我呢？找个人倾诉不是好过一点儿吗？我才知道你头上的光环是那么重，压到你喘不过气。

亲爱的荟，原谅我那么胆小，你的变化都要从别人那里一点点听来，我从不敢站在你面前像从前一样质问你。我们都变了，我不能以曾经的方式来对待你。原谅我在你需要关怀时不在你身旁，原谅我在你失落时不能给你安慰，原谅我那么久了才给你回音，我不是一个合格的知心朋友。

亲爱的荟，那么久没联系你会不会以为我忘了你？我爱吃的雪糕会过期，但是我保证，我们的友谊永远不会变质。不管你怎么改变，不管别人怎么看你，我们还是好朋友。

时光微冷，忆你如昔

黄晓晴

左夕总喜欢用柔软、缓慢的语调重复我的话，逗笑枯燥的生活。我烦他老重复我的话，回应他但丁那句千古名言——走自己的路，让别人说去吧！谁知他故作神秘地问我："那你知道但丁为什么会死吗？"我摇头。随后他冷冷地说了句——"就因为他老走自己的路！"

左夕总能轻易平复我浮躁的心情。有次我心情不好，他跟我讲三毛的撒哈拉故事，讲那个文笔朴素浪漫的女子内心的抑郁。最后他说：人总要学会面对。

左夕会在我怀旧时，停下手中的笔，认真地听我讲过去的点滴。我回忆我和一群女孩儿的约定——长大后开糖果屋，很忙很忙，可是每个人都很快乐；每一年，我们都要去旅游，走遍每个人想去的地方。谁知毕业后各奔东西，那个曾经美好的约定在时间长河里沉淀，被渐渐遗忘……左夕安慰我说，年少的约定，存在即是美好；不管它们如何存在、存在多久，美好的情愫不会丢。不知是因为感动还是什么，我第一次觉得左夕冷冷的声音也是有温度的。

左夕有点儿自恋，爱照镜子感叹他的"瓜子脸"。见我目瞪口呆，他总是以鄙视的姿态斜视我，"怎么？没见过圆圆的瓜子脸啊？"左夕的思维不走常规路线，有次我肚子饿了，他亲切地问我："我有牛奶，你要不要吃饼干？"

就是这么一个搞怪又搞笑的男孩儿，默默地帮我投稿；因此，我第一次发表了自己的文字。他不告诉我帮我投了稿，这样一来，稿子没发表不会让我失落，发表了却可以给我一个惊喜。收到样刊时，我激动得尖叫，坐在旁边的他却不紧不慢地搅拌杯里的麦片，还一脸嫌弃的表情……

他承诺给我一个难忘的轰轰烈烈的十八岁生日，然后真的煞费苦心地给了我很多惊喜、很多感动——他亲手煮了长寿面给我吃；他给我唱那首我之前让他唱却死活不肯的歌；他弄了一个"集福本"，收集了整个年级认识我的人的祝福与关于我的回忆……伴着那些文字，我重拾曾经的点滴，享受回忆的温暖。能有一个本子，能有一些文字，永久地留住记忆，我深感幸福——何况是由左夕独家打造的幸福。

文理分科后，我和左夕的生活轨道便朝不同方向延伸。幸好，写信让我们能像以前那样谈天说地。我在第一封信中，回忆我们相处的时光，感慨一切好像回到原点，因为新学期换了座位、宿舍、校车；我在信里不止一次地提到我很懒，老是找不到学习的状态；我抱怨擅长的语文没法经常拿高分，引以为傲的英语居然考了个心痛的分数……左夕不厌其烦地听我那些重复的牢骚，也不介意占用时间回复我的每一封信，字词句中流淌着不变的暖流。往后的岁月里，他的三十五封信，在回忆里纷纷扬扬……

高考过后，我们就很难见面。偶尔翻看他的信，总会想，那个冷冷的家伙会不会像我一样，偶尔翻看那些还未泛黄的信。尽管现在我们很少联系，但左夕在我的记忆里，美好如初。

也许，每个人的记忆深处，都站着这样一个人，曾经给过你很多美好与感动，随着时光的流逝渐渐地退出你现在的生活。但他早已站成一棵开花的树，明媚着你的青春……

许一场地老天荒

顾未央

今天，七夕情人节。但此文并不是写给女生的告白，而是写给你——陪我度过一年青春的兄弟。

赣赣，还记得第一次见到你的时候，我就认定你将是我们班叱咤风云的人物，虽然你戴个黑框眼镜在人群中显得那么普通。但果不出我所料，第一次月考，你就是我们班的第一、年级的前十，而我只不过被戴了一顶年级前五十的帽子。你集所有的光环于一身，那么耀眼，那么璀璨。我们之间的距离看似寸步之间，实则遥不可及。我有些羡慕，甚至有些嫉妒，呵呵，从那时起，我就暗下决心，把你当作我的榜样及目标。但是直到整个初二结束，我都没有考赢过你一次！不过我输得心服口服。

话说整个初二，最让我后悔的一件事就是开学那天排座位。明明是按身高顺序排列的，明明我和你身高差不多，明明班主任有意要把我们排在一起……但是，世界上就是因为有了个"但是"这个词汇，才把我们坐同桌的缘分给扼杀在摇篮里了。缘分真是一种奇怪的东西。要不是我好面子答应了小廖的要求换位置，要不是我在排座位的时候心猿意马觉得我们不熟悉没有共同话题，要不是我觉得你是个冷漠型的人我是个慢热型的人性格不合，要不是……我们的关系会不会更近一步呢？

我不知道我们是从什么时候开始关系密切的，但我知道的，从我们把对方当朋友的那一刻起，就没有什么能阻遏我们之间的友情了。你总是在不经意间带给我惊喜，记得你周末约我去打球，我一不小心睡过了头，很光荣地爽约了。而你一直在那里等着我，直到我来，你连一句抱怨的话都没说。如果用小事可以反映人心，那么你早已把你的心赤裸裸地展现给我了。我正想着怎么向你道歉才好，你却似乎看出了我的不安，走过来说："道歉的话不必多说，你是我最好的朋友，等你一下又不会损失什么的，对吧？时间不早了，我们快点儿打球吧！"然后，附带了一个极具杀伤力的微笑，把我们之间仅存的隔阂消灭得粉身碎骨。就这么简单温暖的一句话，你可知它在我心中的分量？

还有一周，我们就要步入初三了，我想我不会放弃，至少我不是一个人在孤军奋战，我还有你在陪着我并肩作战。我坚信成功是属于努力过的人的。祝我们都能考进梦寐以求的一中，完成这个我们从步入初中就开始的梦想。

亲爱的赣赣，我记得你说过你最讨厌我矫情的样子，但我今天怎么也要矫情一次，就一次：赣赣，我笨拙的笔写不出我们相处这一年的众多感慨，华丽的辞藻也修饰不了我们之间这份纯真的友谊，但我真心希望这份情愫能够无坚不摧百毒不侵，愿我们这份比爱情来得更实在的友情地老天荒。

下个夏天去看海

　　我握着信封里那张大海的照片，指尖泛白了还不肯松开，我忽然觉得那堆满课桌的参考书就像那条铁轨上的横杆，一节一节通向那片蔚蓝的海，以及照亮海面和天空的万丈红霞。

　　然后我拿起笔在那张"离高考还有××天"的字条上添了一句话——下个夏天去看海。

给我一个不上路的理由

赫 乔

我记得三年前在日记里写要实现的第一个愿望是，高中毕业以后去西藏，现在大学两年了，我依然没有触及那个离我的理想最近又是最遥远的地方。

很多事情，我不怕我做得晚，只怕我不做。

最近在学吉他，吉他老师叫阿哲，他在家里安置了沙发和床，专门招待远道而来的沙发客。沙发客在这几年很流行，尤其是对于像我这样的穷游者来说，你可以去沙主家里坐坐，聊聊这条路上经过的事见过的人，翻看他之前拍过的和你一样浪迹在城市边缘的行者的照片，你们眼神里有相似的东西。

那天我去阿哲家，刚好看到三个骑行而来的人刚卸下行李，在客厅里收拾东西，看到我来了之后腾出地方让我坐，我洗了水果和他们一起聊天，他们讲给我在川藏线上捡来的回忆和纳木错湖边望到的星光。

我说，我也是要去西藏的，我也是要走很多路经历很多风景的。

那个用一只发卡把自己的头发别起来的大哥说，别忘了初心就好。

另一个姐姐说，等她骑遍了全国，她要回成都开一家茶馆，招待来成都行走的背包客，一起烹茶煮酒落花围棋。我突然想起来这句话，曾经，我也这么和朋友说过，只是这一天，我看到的是别人已经逐渐地接近了我的梦，站在我的梦的位置上的不是自己，而是其他人。

其实旅行的意义是什么呢？

有的时候，很多人想要放松，想要逃避，想要经历，但这些都不是我想要的。有的时候我会羡慕喜欢平淡生活的那些人，他们知道自己想要的东西不在路上，而在三点一线的轨迹生活里，算不上是枯燥的，因为既然是自己喜欢的生活就一定有特别的意味在里面。

但是我不是，我注定要颠沛流离的。这句话从五六年级刚会写点儿长句子的时候开始说，一直到现在，就好像喜欢唱起Beyond的那句"原谅我一生放荡不羁爱自由"。

旅行对我来说，就是寻找自由的过程。曾经在南京暴走，甚至甩掉一起来的哥们儿，看着陌生的城市踩着陌生的草地和石板，行走是一件与生俱来的能力，我那时很清楚自己，不喜欢骑车、坐车，只喜欢走。

可能太没有安全感了，只能相信自己的双脚。

以前，当我想做一件事情的时候，我会在网络上昭告天下，突然有一天我变成了这样的人，真心想做的事情，反而不敢说，我想让它在心里长着，直到长出花来。

147

而这一次呢，我依然不会说，我要去哪里。

认识的少年鲁卡斯在婺源邮了明信片给我，他说："你看啊，我走到这里了，下次你来这里的时候，你会不会有一种遇到我的感觉呢？"

他骑行了四年，离开婺源之后就要去尼泊尔，自己携带帐篷和睡袋，也碰到过打劫的，最后聊得还不错，一起喝酒聊天，虽然醒来之后还是少了一百块，但是心里没有不爽。他和我说，出去行走就一定要想清楚，自己想要什么样的旅程，如果是想和朋友逛一逛有意思的地方就报个旅游团或者找当地的朋友，如果是要自由就自己精心打理好一切做好准备然后出发，如果就是随性那么只要做了出发的决定，其实最困难的部分已经解决了。

还有，注意安全。他去婺源之前，我们在咖啡厅里聊天，他说有句话是"父母在，不远游"，其实下一句还有"游必有方"，别让你爱的人为你操心。

我点点头。

去年和妈妈打电话说想去西藏，她觉得我身体不行，所以一直不允许我去，其实，我也没有据理力争，也没有真的像攀岩社团的人每天去操场上跑圈锻炼。就是太懒了。

鄙视过自己之后，默默地开始筹划夏天的旅行。我要独自上路。

我并不是信奉旅行的人，也并不觉得年轻这个资本多么可以拿来炫耀，我认识的老教授六十岁仍然自驾可可西里，我希望当我很老的时候，也依然可以去那些我打小就想去的地方。

梦，怎么可以停呢？给我一个不上路的理由，我会相信你有更好的选择，但是，我要上路了，请为我祈祷。

悲伤流年的寂寞蓝调

羽　沐

楔　子

班长打电话给我的时候，我正在绣十字绣。

"大家难得都放假，一起出来聚聚怎么样？"

某个人的容颜从我的脑海里一闪而过，我拿绣针的手一抖，一朵小红梅立即在指尖绽开。

我低低咒骂一声，然后说："好。"

一

好久没有如此放肆过了，一群人嬉笑怒骂，走过这个城市的大街小巷像是又回到了曾经不羁的青春。那种心情，像是薄荷一样，清爽，微凉。

小禾过来挽住我的手，然后故意放慢脚步，等到与前面的大部队拉开一小段距离，小禾抬起眼眸问我，安泽怎么没来？

就知道逃不开这个问题。当我一个人现身在这场同学聚会上时，所有人的神色都是一怔，然后又都若无其事地来打招呼，只是眼神中有了探究的意味。

小禾见我不说话，也就不再追问下去，只是搂着我的胳膊又紧了紧，对我说："谁年轻的时候没爱过一两个浑蛋呢，子萱，你说是吧？"

我扬起唇角。嗯，浑蛋，对安泽来说的确是个不错的形容词。

二

在木子铁里喝冷饮的时候，小禾问班长，安泽会不会来。班长看了我一眼，然后说，不一定。我专心致志地拨弄着双皮奶里的相思豆，在听到那句"不一定"后，暗自松了一口气，然后胸腔的位置狠狠一疼。

我习惯了这种抽风式的心绞痛，发病源不过是一个关于回忆的名字，只要不去碰，不去想，就不会有事。反之，我也不知道会怎样。

安泽亲自帮我验证了这个实验。当他加入到这场满是怀旧色彩的聚会里时，我们一群人正在歌厅里嘶吼着那句"爱要越挫越勇"。原来伤口一直都在，只不过我用阿Q精神把它从记忆里消除了而已。所以当安泽亲手撕开我新结的痂时，才会让我疼到骨子里。

包厢里有那么一瞬间的冷场。小禾的目光定在安泽身边，然后讷讷地对我说："子萱，快掐我一下。"

我笑，拍了拍她的头，"你没看错，安泽牵着的那个女生就是林琳。"

三

其实也不能怪小禾大惊小怪，我、安泽和林琳如今的身份确实有那么一点儿尴尬。当年我和安泽是出了名的"模范情侣"，恩爱，上进，成绩好得让对早恋恨之入骨的班主任都无话可说。林琳总是和我八卦，说班主任今天又抓住了一对苦命鸳鸯，训导内容无非就是老三样，临了，班主任还加了一句，要是他们能像安泽和黎子萱一样不耽误学习，他就不再干涉。

林琳有模有样地学着班主任的语气，然后和我笑作一团。如果当时的我再聪明那么一点点，一定能发现林琳的笑其实并没有到达眼底。

彼时的我不过是个极其容易自我满足的小丫头，左手牵着安泽，右手吊在林琳的肩膀上，恨不得告诉全世界，这两个人是我黎子萱的全部。

直到有一天，这样不伦不类的三人行重新变回温馨的二人世界，唯一不同的，不过就是那个叫黎子萱的傻丫头从核心变成了旁观者而已。

四

班长把一大杯扎啤摆在我面前，用自己手里的那杯碰得"当"的一声响，然后猛地灌了一口。

"梨子，没啥过不去。"

我笑，和班长碰了下杯，破了曾经安泽给我定下的"不许喝酒"的规矩。

不过尔尔。

一群人勾肩搭背地嘶吼着"死了都要爱"，我把脸埋在小禾的颈窝，佯装坚强。

小禾学着王小贱的的语气贱贱地凑到我耳边说："姑娘，哭可以，不过千万别往我身上蹭鼻涕。"

我小声嘟哝："真无情。"

尾　声

等到从歌厅里出来的时候已是深夜，我脚步略有蹒跚。初夏的晚风透着丝丝凉薄，我打了个冷战，下意识地抬起左手。

身边空无一人。

对了，那个本该站在我左手边的少年此刻正牵着另一个女孩儿，站在离我不远的地方，和这些旧时光的老友一一道别，然后拥着女孩儿的肩，坐进出租车，驶向与我无关的未来。

我学着班长的样子，同样郑重地向某个方向挥了挥手。

再见，某夜，某街，某少年。

成长是时光里潜移默化的妥协

薄 荷

　　周六坐在学校补课的时候喜欢在上课偷吃面包。有时候我咬着软软的多纳兹会很莫名其妙：我怎么真的坐到这儿来了呢？

　　初二时倔强要强嘴硬的我拿到糟糕的成绩只会笑得比平时更天昏地暗，取得好看的分数也只是小心地收敛起笑容，摆出无所谓的日月无光的洒脱。哪个老师多占了一节自习课，就会在课后和同学叽叽咕咕碎念着那点儿愤懑不平。哪天出现了一场没有预告的考试，便把成绩跳楼的原因全都归结到老师的突击上。受了老师两句批评，写下大段大段委屈又张狂的文字，顺便把应试教育批判得一无是处。那个时候看到初三的学生星期六还要裹在黯淡厚重的校服里奔赴学校补课，心里是站着说话不腰疼的悲愤，一边骂着见缝插针摧残祖国花朵的学校，一边同情地目送着初三前辈们如同壮士赴死般苍凉的背影，和同学信誓旦旦说着到初三一定要反抗这样的"暴政"。

　　自己到了初三，竟也乖乖背着书包在星期六早起赶场。清晨仍混沌在睡意里苟延残喘的脑细胞，在凉风里晾晾也与困倦残忍剥离。早餐匆匆扒完下楼，在带着阳光气味清冽干净的晨风里拖沓着脚步，心情也还不错。偶尔没来得及吃早餐，一向把牛奶蛋糕带到学校解决的前桌也会分我一份，附赠一个甜美的笑容。哪怕下课时间充裕得很，还是特别喜欢在上数学课偷吃点心。在外表柔美的数学老师的严厉眼波下偷吃成功总是特别有成就感。然后我饿得差点儿撒手人寰的同桌就会一脸鄙视地看着我一口咬下半块菠萝派，再在我兴奋地哼着歌的时候长叹一声"世态炎凉啊"。比伯的歌总是有着立竿见影的提神效果，足以支撑着我熬过最后一节困得奄奄一息的物理课。那时候我最大的兴趣就是在我同桌基本进入睡眠状态头似捣蒜的时候猛撞他的胳膊，在他怨恨的目光里消磨掉关于电路、电压、电流、电阻的无趣，美其名曰："把你叫醒让你好好听课啊！"当然他也会苦不堪言地在我明目张胆地哼歌声里再一次埋下头去。

我轻轻搓掉粘在指尖的糖粉。这样的日子，似乎也不错。

初中最后一次运动会因为天气多变而难产。因为可以从厚厚的书本、考卷中挣脱出来，好好利用初三最后一次疯狂的机会放肆一回，大家都万分期待，而流感一样肆虐的兴奋情绪被三番五次打压之后，暴涨的不仅仅是更为期待的心情还有积压的不满。学校又一次"谎报军情"，让已经穿好了洗得干干净净的班服、把沉重的书包丢到爪哇国去了的大家简直怒不可遏。我难以抑制失望的心情。可环顾四周，连那几个嚣张跋扈的钉子户也叹着气和大家一起有气无力地翻着英语书。我那么点儿揭竿而起的志气也在大家咬牙切齿的朗读声里随着若有若无的轻叹湮灭了。

原来大家都已经长大了。

我也把愤怒混着英语单词嚼碎了咽下去。

第一节英语课老师有点儿意外地看着心不在焉垂头丧气但是一笔一画记着笔记的我们，轻笑："真是一群孩子。"

等到运动会终于真正顺利召开的时候，才惦念起堆积如山的作业、星期六的补课、关于函数和文言的考试，脑海里化学物理老师煞有介事的警告和絮叨挥之不去，却没有气急败坏。这两天好好玩吧，初三不就是一场浴火重生吗？

原来我们早就在时光的铸造里成长。原来我们早就已经习惯去适应很多以前弃之敝屣难以忍受的东西。原来我们早就学习着怎样去做得更好。

　　我撕开一根棒棒糖，认真地叼在嘴里。这样的习惯，也不错。

　　我就这样在时光的潜移默化里，妥协着，成长着，快乐着。

人字拖保卫战

迦 伊

教室里那根粉笔一直敲不停，其声音就像那块黑板不停地呻吟。枯燥炎热的夏季，我们多想快点儿放暑假啊，多想回家找妈妈啊……

夏日里，大多数的人最想做的事情就是游泳，在水里像只黄小鸭一样自由自在；夏日里，西瓜是最佳的解暑水果，小孩子总是幻想着万一不小心吃下一颗种子，那么自己的小肚肚肯定会变得椭圆椭圆的，因为里面长一个大西瓜；夏日里，熊孩子们离不开那个喜欢对它喊"啊——"的电风扇，听着自己的声音颤抖着"啊——"特有成就感，以为这样就能变成歌星了。我最喜欢在凉席上摆一个"大"字，然后像烙饼一样翻来翻去。下床的时候穿上一双无比霸气的人字拖。

上学的日子里，班主任每天像抓贼一样地狠抓我们。夏天嘛，因为炎热，所以从放眼望去清一色牛仔裤到集体露腿的短裤，从千篇一律的校服到各式各样的短袖，从全体女生的学生头到独马尾……我们都不明白学校为什么老是喜欢弄一些莫名其妙的校规。

因为一场大雨，我们学校开始涨洪水。那天，我们大家亲眼看到自己的自行车像骨牌一样被洪水推倒，有的甚至还随着水流一起漂走。极少的家长冒着洪水开车来接孩子，也有极少的人自告奋勇地下水去吃饭，最少的就是像我这样抱着有恃无恐的心情对待……更多的人都是特别激动，特别兴奋。

那一天的糟糕天气过后，我们一致认为第二天会依旧，于是大家都是穿着人字拖来上学，但是天气恰恰相反，那太阳死皮赖脸灿烂的呀！

第三天，暴雨还是没有在我们的期冀里到来。

第四天仍旧如此。

此后的几日，所有老师就跟吃了兴奋剂一样特别有精神地抓我们穿人字拖的孩子，年级组长也挺绝的，抓到了，立马当场剪断鞋的那个"人"字，让学生光着脚丫子回家，事后也多次杀"鸡"给"猴"看。

但我们这样天不怕地不怕的孩子经常越战越勇。

其实只要不出教室门就不会怎样的，可是就有那么几个逞能的男生故意在外面溜达来溜达去的，以为这样就会有女生为他倾心，可是一碰到老师就又慌慌张张地脱下来藏着掖着，那样子真是……汗颜。

临近期末考，班主任清理早已被人遗忘的一角，竟跑出来了两只蟑螂。这时，一个自告奋勇的男同学特拽地脱下他那双一直躲在课桌下的人字拖，"啪啪"地拍死了那两只蟑螂，回过头就看见老师从讲桌下拿出大剪刀挥舞着步步逼近……

革命从未成功，壮士你要分清楚情况再努力嘛！

下个夏天去看海

轻与慕宅

　　我曾做过这样一个梦，梦中我只身一人，背着墨绿色的旅行包，走过泥泞的小道，蹚过湍急的河流，爬过陡峭的山岩，然后沿着一条长长的铁轨向前，终于看见一片深蓝的海。我张开双臂贪婪地呼吸着咸湿的空气，坐在冰冷的沙滩上看灰白色的天空慢慢被晨光温柔地攻占。

　　梦醒后我出神地盯着墙壁，"离高考还有××天"的字条借着5点钟微弱的光线映入眼帘时，我唇角微扬，一滴泪猝不及防地落在白色的被罩上，晕开一朵深色的花。

　　前途茫然的压力让我透不过气，我竟然会像被飓风卷上岸垂死的鱼般向往着大海。

　　我也曾有过许多计划。我问了很多人查了很多书确定好路线；我上网查询然后跑去火车站敲定时间；我把晚餐的钱节省下来攒了一笔足够旅行的"巨款"，信誓旦旦说一定要去；我满心欢喜地等待假期到来。但真的到那一刻，却因为各种各样的原因：假期补课，开学要考试，作业摞了厚厚一沓，约好的同伴不能去了……终究是没有去成。

　　暑假时远在B城读大学的Y打电话来，说她和几个人约好要去青岛，我看着面前妈妈丢下的几份暑假补习班的广告，想了很久还是笑着回绝。

　　"敢想不敢做"不知道什么时候成了我的标签，而Y的存在使这个标签更加顽固地贴在我的额前。她洒脱而勇敢，十四岁时就独自一人，像一只轻盈的蝴蝶飞向远方。我在惨淡的日光灯下为了一道数学题将眉毛拧成八字，她背着行囊在陌生的城市走过大街小巷，欣喜的眸子倒映绮丽的风光；我窝在狭小的房间里无聊地刷着网页，电脑屏幕幽蓝的光反射在一张颓废的脸上，她奔跑在寂静无人的马路上，将满天星辰甩在身后，脸上是肆意温暖的笑容；我在补习班内吹着空调对着满黑板的扭曲符号昏昏欲睡，她戴着草帽瞪大双眼看一只蜻蜓摇摇晃晃地飞过油菜花，停在她的脚尖。来自全国的明信片纷纷而来，每张上都是她灿然的微笑，背后是各种景象。我把头深深地埋在膝盖中间，幻想自己就在她的身边，和她一起走过大城小镇，看遍万水千山。

希冀的花缓缓开放却得不到成全，于是渐渐孕育出苦涩的果实。我开始疯狂地迷恋陈绮贞的《旅行的意义》，忽略隐藏在字里行间的伤感，只一心向往那夜的巴黎，下雪的北京，被埋葬的土耳其。陈绮贞的声音暖如冬日的阳光，有治愈人心的力量。而我一遍遍听着，叛逆的心思却一天天膨胀。

我终于把梦写在纸上，伴随着绿色的邮车寄给远方的Y。Y的回信很快到达我的手中，我小心翼翼地拆开。

亲爱的Q：

　　高中时你们想远离的地狱，却是我们永远回不去的天堂。那段拼搏奋斗、夹杂着血和泪的日子，是我一生最珍贵的回忆。你不必感到诧异，终有一天你也会是同样的想法。被试卷铺天盖地覆盖的年华苍白无力，但忙碌的日子是那么充实。不是每一次的努力都会有收获，但每一次收获却一定是充满汗水。你必须知道自己想要什么，你又能为此付出什么，全力以赴，拼尽全力，不使自己留下遗憾。我现在是闲适自由的，但那是我付出了多少努力才换来的？没有谁比谁过得容易，你一定会明白的，你总会明白的。

　　我和你定个约定吧，明年夏天，你带着录取通知书，我带你去看大海。

你的朋友Y

　　我握着信封里那张大海的照片，指尖泛白了还不肯松开，我忽然觉得那堆满课桌的参考书就像那条铁轨上的横杆，一节一节通向那片蔚蓝的海，以及照亮海面和天空的万丈红霞。

　　然后我拿起笔在那张"离高考还有××天"的字条上添了一句话——下个夏天去看海。

　　鲜红的字迹轻舞飞扬，那只飞过沧海的蝴蝶，扇动着翅膀，和胸腔里有力跳动的心一起，似要飞向远方。

不是太坚强，而是太脆弱

鬼　哥

1

期末考试前，看了一本小说，最后居然为了里面提及的一种动物纠结了好久。不为什么，只因为直觉告诉我，那种动物和我很像。

彪，比"虎"多了三个撇的它，意味着多余。母老虎每一胎只生两只小虎，若生了三只，那么这第三只就是彪。刚出生的它，注定要被抛弃；作为多余的第三只小虎，它的父母认定它无法存活在这个弱肉强食的世界，所以将它抛弃。

遭遇父母抛弃的彪只有自力更生。在四肢发育尚未健全、无法行走的时候，彪只有依靠花草的露珠喂饱自己，为了远离危险它将自己隐蔽在芳草绿叶下，即使是爬行之王的蟒蛇也难以找寻到它。它保护了自己。

长大了，彪遇到的危险就更多了。飞禽走兽进攻它，毒蛇虫蟒追逐它。为了更好地保护自己，彪开始训练自己。它与豺狼决斗，和同族竞争，与蟒蛇厮杀……终于，原本被人认定在世间难以生存的彪打败了自己的生父、生母，它不再将老虎当作自己的同族，即使自己和老虎流着同样的血液。

事实上，能够战胜天敌，坚强地存活下来的彪是极少数的；而生存下来的彪也是经历千辛万苦，身上留下大小不一的伤疤了。每一场森林之战，彪身上总会再添上几道疤痕；受伤的彪没有停下来包扎伤口，而是发动更猛烈的进攻，对于它来说，最好的防守就是在最短的时间内将敌人打倒。

每一场战斗结束，成为胜利者的彪没有得到动物们的欢呼与庆祝，森林里的动物们憎恨着它，因为它是灾星！彪只有拖着疲劳的流着血的身体回到自己的洞穴，它躺在角落舔舐着自己的伤口，发抖着，想到因为自己的进攻而从此倒下的强大的豺狼，它害怕，害怕自己有一天也会这样。所以它必须让自己变得更坚强，至死不渝地战斗下去。

2

步入青春期的我，慢慢地走出了自己另类的个性。表面上，我和任何人都无话不谈，而我的内心却将别人拒在万丈高的悬崖上，没有人敢靠近，更没有人能靠近，我的心被锁住了。

固执的我在不让任何人走进自己内心的同时，也走不进任何人的心。我用凶悍伪装自己，用武力保护自己，让自己以坚强的形态出现在人前。

张扬的笑，是为了让别人发现我；无言的静默，是为了让别人了解我……无论我表现得多么卖力，也没有人知道我隐藏在笑容下的寂寞。

也许是内心和别人存在差距，我总是和别人吵架，和爸爸吵，和妈妈吵，和姐姐妹妹甚至跟刚见过一面的陌生人吵。不管结果是我赢还是我输，我都会忍不住哭泣。每次都是躲在自己的房间里，坐在椅子上默默流泪，啜泣过后便是深呼吸，极力让自己平静下来，再次塑造平易近人的面具。哭泣，只是让我变得坚强的工具。

我会对自己进行特别训练，让自己强大起来。每天清晨的吊双杠、每天放学的跑步，都是为了塑造更强大的自己，不让自己受到任何人的欺负与蔑视。我坚信，我能行！

忘记了是什么原因，只记得那天拉了Julie的手。之后，Julie感慨地说，那是她第一次拉我的手。我惊觉，身边再好的朋友也都是如此，几乎没有拉过我的手。原来，我把自己的心墙构筑得如此之高！

3

被遗弃的彪通过不断战斗使自己强大，我通过不停地训练让自己坚强；彪借舔舐伤口塑造坚强，我用眼泪构筑心墙……

如果不努力

西　沐

　　洗过的衣服一直晒不到太阳，每双鞋都当雨鞋在风里来雨里去，出太阳时都可以看到有人拿着折叠伞挑着半干的路走，人群中尽是穿着深色衣服的人，女孩儿的头发不敢束起，男孩儿也不再是恒久不变的两件装。2012年，天气反常得让人忍不住相信那个关于世界末日的预言。

　　食堂里还是一样的挤，也许是天冷想互相取暖，也许是新来的厨师技艺比较好，又或是新推出了哪款新菜，只是那里的人口密度一年四季都看不出变化，让人只得把上述假设推翻。新建的食堂动工将近三年，样式别致新颖，占地也好大，只是一直未投入使用。兰泽经过那里总要感叹："看来学校是想把食堂打造成标志性建筑用以招生啊。一个食堂怎么可以建得这么破费？"而后又一脸愤慨，"看来我们有生之年是享受不到这种规格的学校餐制了，真浑蛋！"

　　雨停的那一天兰泽对我说："其实每个人都很爱自己，只是有些人很需要朋友，所以就一直妥协。"我不知道是什么触动了她，她一直是个很有才华的孩子，只是习惯冷眼旁观别人的快乐和难过。曾有人问我："庄宜，你为什么总跟兰泽在一起，你们的性格不太合吧！"在很多人眼里都是我为兰泽妥协了自己，但只有我知道，是她的妥协才成全了我们的如影随形。

　　兰泽说她以前一直相信"性本善"，而现在习惯了用辨证观看世界了。我笑着回答："你是被历史老师和政治老师影响深远哪。"她有少女该有的善良，就像她一直不肯相信"性本恶"，每件坏事背后都有一个足以让世界动容的理由。

政治课时兰泽指着一句话说，这是一句伤感的诅咒。我顺着她的手指看到："任何具体的物质形态只有在运动中才能保持自己的存在。"我一直觉得她像个忧郁的艺术家，对万事万物敏感得令人发指。她能在语文老师讲到李白是豪放派诗人，自由狂放不羁时，说："什么是自由，就是当你没有什么可以再失去了。"也能在英语老师讲名人传记、随口设问一句"为什么有些人能够成两个家三个家"时，回答："因为有很多小三、小四。"

中午我跟兰泽说："我在写你。"她说："哦，把我写乐观一点儿。"她总不愿承认自己悲观，尽管她说过"我一直相信，幸福不会一帆风顺"。

"这世界与我相依为命，自我出生，就注定要用我所有的时间和精力陪他浪迹天涯。我们是最矛盾的青梅竹马，我未变，他未变，一切悲伤只源于我们不相爱。"我曾问她是经历过什么，才让她成熟成这样，她只是低着头，然后想了一会儿才慢慢抬起头，其间只是过了几分钟，可我却错以为世界在那一刻悄然颠覆。她看着我的眼睛，一字一顿地说："很多时候，不是经历过什么才开始有了认知，也不是受了伤才知道疼痛，你站在旁观者的角度，有时候也会发现别人的眼泪会让你感同身受。人其实是一种很简单的动物，不一定每个伤痕都有一段故事，就像一首歌唱出了很多人的曲折，也不一定唱歌的人经历过歌词中的事。"

"我的生命不繁华，却不小心被我弄得很苍凉。有时候独自承担时，才发现不是想要就会有，梦想有时努力过也只能是地图上用红色笔标出的好地方。"她在书上写下这句话时，转身对我说："庄宜，可是如果你不努力，有可能那些标都会布满尘埃。"

哥们儿，我们回不去了

卡戎

我们曾经是前后桌。

但所有的事加上"曾经"，就只能在记忆里面去怀念。

我喜欢在下课转过身去和你聊天，相互调侃。

我喜欢在假期过后问你有没有想我，然后听你笑着骂我厚脸皮，再大大咧咧说哪会啊，明明是你口是心非。

我喜欢在被同学欺负之后皱着眉对你说"哥们儿，那谁欺负我"，然后在你说"哇，干得好，再来一次"之后，懊恼地说"哪有你这样的哥们儿啊"。

我喜欢在老师说到和许嵩的歌很像的短语句子时回头和你相视一笑。

我喜欢在你和同桌讲话的时候用笔敲敲你的桌子要你认真听课，你到下课就会无奈地说"'沈佳宜'我错了"。

我喜欢在和你发短信聊天的时候把义愤填膺的文字扔过去，这边却是忍不住的笑意。

让我很开心的是，我的这些小习惯，你从不觉得烦。

我很容易被电影的一些情节触动神经。前不久看《星守之犬》就哭得稀里哗啦，吸着鼻子发短信给你说《星守之犬》透支了我的眼泪。你回复："眼泪透支了那以后可不能哭了……你让我懂得了很多，我怎么就教不会你勇敢呢？"

有一次上数学课，我突然觉得身后的你怪怪的，下课后问你怎么了。你说："如果你回头就会看到我支着脑袋睡觉，然后说'哎呀，难道我们有心灵感应吗'，不行不行，以后不能上课睡。"哈哈，你个臭小子。

有一天早上我觉得很冷，写了张纸条告诉你。过了一会儿，你用手搭我的右肩，在我侧头的时候靠过来，压低声音说："我穿的是短袖，没有可以脱给你穿的衣服啊。"哥们儿，知道吗，那一瞬间你手心的温热从肩膀的某个点出发扩散至全身，已足够温暖。

哥们儿，"想到最深的海峡也曾经是山峦，而伫立云端的山峰或许曾经鱼群游动，就觉得世界之大，时间之广，你和我的渺小。在还来得及的这一刻，我们在一起过。"这段文字，送给你，谢谢你在我身边。我们会一直一直是好哥们儿的，对吧！

高三开学重新安排了位置，我看着座位表慌了神，我们不再是前后桌了。我难过地发短信给你，我说一年前担心的事终究还是发生了，你不要说还在一个班没关系之类的话。你说要我学着勇敢一点儿。后来我三次找班主任要求换位，她同意了。我开心地抱着书在你前面坐下，淡定地回头对着还没反应过来的你说："天时地利人和，我的高三有希望了，我的厦大有希望了。你也要加油啊，少年！"你温暖的笑脸还一如从前。

你开始很安静很努力地读书，我这个冒牌"沈佳宜"也光荣"下岗"。

高三第一次月考，我进步九十四名，你进步四十九名。"有默契啊，哈哈！"我这样对你说。嗯，哥们儿，和你一起努力的感觉真的好棒。

我以为我们会一起度过高三，在需要的时候，彼此都在身边。

我们会一直一直是好哥们儿的，不是吗？那现在是怎么了呢？

教室的课桌椅要从四组恢复到五组，让我惊讶的是，你要到新的小组去了。

我迟疑地问你："你要走啊？"

"对啊，去坐坐看嘛。"你说得云淡风轻，一副无所谓的样子。

我真的很难过，接受不了你的选择，虽然只是小事，我们只是哥们儿，我不应该打扰你的自由，可是我突然发现我真的不懂你了。

你看，我什么都会跟你说，你却很少对我说起你自己；我把你放在那么那么重要的位置，你可以说走就走毫不留恋；爸妈对我管得很严，他们都知道我们是很好的朋友，你很晚的时候给我发短信，你妈妈以为你在和你前女友联系，而你不曾提起过我。

从几乎无话不说，到现在两周了都没有开口说过一句话。我见了你就难过，还说什么笑谈。对待同一件事彼此两种截然相反的态度与选择，让我很茫然啊。

我们终究是把别人安抚得太好，轮到自己时就失了分寸。

在你面前装作我很好的样子，和别人说笑，想要努力习惯没有你的生活。可是再怎么装还是骗不了自己的心啊。你的位置，不是别人想代替就可以代替的啊……

我问你你是不是无所谓，我很难过你应该会懂。

你说你不想有所谓。

你说你本来要回来的，可是看我一脸郁闷的样子，想想就不换了。

你说你周围是谁都没啥，说我不应该因为你调走而不开心。

你说你还是一如既往地愿意做我的朋友。

是这样吗？我难道没有理由难过吗？真的是我的不对吗？是我太小气了吗？

一如既往吗？你好坦然啊。只可惜，我做不到呢。

去你的空间，看我以前的留言被挤下去了，看你更新的说说从未与我有关。耳机里蔡依林轻轻地唱着："你心里的宇宙/我不在任何角落/世界再大/你还是原地不动……"我退出的时候，删除了访问记录，改掉了一直舍不得改的签名——"你只是给了我一个微笑，我就看见了一整个世界的温暖。"

心里的声音告诉我，我们回不去了。

不知道，这会不会是最后一次把你当作文章的核心。